범일국사 이야기

큰스님,
대관령 신이 되다

범일국사 이야기

큰스님, 대관령 신이 되다

이야기를 시작하며

　　범일국사는 810년 정월 지금의 강릉시 구정면 학산리에서 출생하셨습니다. 15세에 출가하여 5년간 입산수도 후 20세에 이르러 경주에서 구족계를 받으셨습니다. 이후 당나라에서 유학 후 귀국하여 백달산에서 정진하던 중 851년, 41세에 굴산사로 오시게 되었습니다. 이때부터 범일국사는 평생을 다해 선종 불교를 전파하고 제자를 양성하는 데 힘을 쏟은 결과 신라 구산선문의 하나인 사굴산문을 개창하시게 되었습니다.

　　범일국사는 수차례에 걸친 국사의 청을 거절하시고 평생 굴산사를 지키며 선종 확산에 크게 기여하여 훗날 조계종 성립의 밑거름을 일구셨습니다. 국사께서는 889년 향년 79세로 굴산사에서 입적하셨는데 입적 후에는 고려와 조선 그리고 현대에 이르는 역사 속에서 강원 영동 지역을 수호하는 대관령국사성황신으로 모셔져 추앙받고 있습니다.

　　살아서는 한국 불교의 큰 스승으로, 입적 후에는 지역의 수호신으로 오늘날까지 모셔지고 있는 범일국사!

도대체 어떻게 한 인물이 1200년이라는 긴 시간이 무색할 만큼 우리 가까이 존재할 수 있을까요? 한번쯤 궁금하지 않을 수 없습니다.

《큰스님, 대관령 신이 되다》는 이처럼 누구나 한번쯤 가져 봄 직한 범일국사에 대한 궁금증을 쉽게 풀어보자는 의도에서 출발하였습니다. 역사, 민속, 고고학, 문화콘텐츠 등 여러 분야의 전문가들이 각 분야별로 범일국사의 이야기를 쉽게 풀어냄으로써, 범일국사의 생애와 존재가치 그리고 이 지역의 역사적 변천 과정을 이해할 수 있는 그런 책을 만들어보았습니다.

아무쪼록 이 책을 통해 그동안 잘 알지 못했던 범일국사에 대한 이해와 문화의 흐름을 이해하는 기회가 되길 기원합니다.

범일국사문화축전위원회 위원장 청우 합장

차례

민속

유적과 유물

범일국사는 810년 정월 지금의 강릉시 구정면 학산리에서 출생하셨습니다. 15세에 출가하여 입산수도 후 20세에 이르러 경주에서 구족계를 받으셨습니다. 이후 당나라에서 유학 후 귀 백달산에서 정진하던 중 851년, 41세에, 굴산사로 오시게 되었습니다. 이때부터 범일국사는 하에 선종불교를 전파하고 제자를 양성하는 데 힘을 쏟은 결과 신라 구산선문의 하나인 사 을 개창하시게 되었습니다.

범일국사는 수차례에 걸친 국사의 청을 거절하시고 평생 굴산사를 지키며 선종 확산에 크게 여 훗날 조계종 성립의 밑거름을 일구셨습니다. 국사께서는 889년 향년 79세로 굴산사에서 셨는데 입적 후에는 고려와 조선 그리고 현대에 이르는 역사 속에서 강원 영동 지역을 수호 대관령국사성황신으로 모셔져 추앙받고 있습니다.

아서는 한국 불교의 큰 스승으로, 입적 후에는 지역의 수호신으로 오늘날까지 모셔지고 있 범일국사!

대체 어떻게 한 인물이 1200년이라는 긴 시간이 무색할 만큼 우리 가까이 존재할 수 있을까 번쯤 궁금하지 않을 수 없습니다.

큰스님, 대관령 신이 되다》는 이처럼 누구나 한번쯤 가져봄 직한 범일국사에 대한 궁금증을 풀어보자는 의도에서 출발하였습니다. 역사, 민속, 고고학, 문화콘텐츠 등 여러 분야의 전문 각 분야별로 범일국사의 이야기를 쉽게 풀어냄으로써, 범일국사의 생애와 존재가치 그리고 적의 역사적 변천 과정을 이해할 수 있는 그런 책을 만들어보았습니다.

무쪼록 이 책을 통해 그동안 잘 알지 못했던 범일국사에 대한 이해와 문화의 흐름을 이해하 회가 되길 기원합니다.

歴

역사

01

스님이 어떻게
국사성황이 되었을까?

박도식(강릉문화원 평생교육원 주임교수)

팔단오에서
오단오로 축소되다

언뜻 생각해도 쉽게 이해하기는 어렵다. 나라의 덕망 높은 큰 스님이 세월이 지나 국사성황신이 되고 무속신이 되어 강릉 단오제에서 모셔지고, 그런데도 불교계에서는 크게 개의치 않고 나라에서는 으뜸 문화재가 되었으며 유네스코에서는 그 축제를 인류문화유산으로 전 세계에 알리는 것이….

축제를 그냥 즐기기만 할 게 아니라 어디 한 번 어떻게 그렇게 되었는지 차근차근 살펴보도록 하자.

새로 왕조를 열면 통치의 이념과 질서가 바뀐다. 나라뿐 아니라 현대사에서 당장 대통령 한 사람만 바뀌어도 이러저러한 제도들이 막 바뀌지 않는가? 좋든 나쁘든 지난 것은 지우거나 덮어버리고 내 당대의 것만 새롭게 앞에 놓고 싶은 마음이야 지도자라면 다 마찬가지다.

조선은 개국과 동시에 고려의 국교였던 불교를 배척하고 새로이 유교를 숭상했다. 예로부터 전해 내려오는 민간 무속에서도 본격적으로 유교식의 제례를 시도한다. 왕실에서는 새로 군현제를 정비하고 주·부·군·현마다 사직단과 여단 및 성황사를 두게 하여 국가에서 임명한 관리나 지방의 수령이 매년 봄가을에 제사를 지내도록 했다. 사직단은 토지의 신과 곡식의 신에게 제사 지내는 곳이고, 여단은 전염병과 같은 역귀에게 제사를 지내는 곳이며 성황사는 그 고을을 지켜주는 신을 모신 곳이다.

조선 후기 정조 때 편찬된 강릉의 읍지 『임영지』에는 "읍에는 저마다 성황사가 있어 봄가을에 제사를 지내는데 강릉에는 봄가을에 올리는 제사 외에 다른 특별한 것이 있다."라고 했다. 이것은 곧 봄가을에 지내는 제사 말고도 또 다른 특별한 제사가 있었다는 뜻이다. 봄가을에 지내는 제사는 지방관이 주도하는 성황제이고, 또 다른 제사는 단오 때 지방관이 아니라 지방의 향리가 주도하는 성황제였다.

갑오개혁 이전에 향리가 주도하던 강릉단오제는 우리나라의 모든 의례와 축제 가운데 가장 길게 매년 음력 3월 20일부터 5월 6일까지 약 50일에 걸쳐 진행되었다. 이 기간의 행사일정을 보면 다음과 같다.

① 음력 3월 20일에 제사에 쓸 신주를 빚음.
② 4월 1일과 8일에 성황에 술을 올리고 굿을 함.
③ 14일 저녁부터 15일 밤까지 대관령에서 산신과 국사 성황께 제사지냄.

④ 국사성황을 국사여성황사에 모셔와 합배함.

⑤ 합배 후 국사성황을 강릉대도호부 관아 건물 뒤에 있던 대성황사에 모심.

⑥ 15일부터 27일 굿판을 벌임.

⑦ 5월 1일부터 신대를 세우고 관노가면극을 연희함.

⑧ 5월 6일에 신을 다시 돌려보내는 송신제를 지냄. 이때 대성황사 뒷마당에서 신대 등을 태움.

단오장으로 모셔오는 대관령국사성황신 내외(강릉단오제 영신제)

그러다가 1894년 갑오개혁 때 대성황사에 봉안되었던 12신을 땅 속에 묻어버리면서 강릉단오제는 종전의 팔단오에서 오단오로 축소되어 매년 음력 4월 15일에 신주를 빚는 것을 시작해 5월 7일 송신제로 막을 내린다. 팔단오란 여덟 단계의 제의를 말하고 오단오란 다섯 단계의 제의를 말한다. 즉, 갑오개혁 이후 절차가 많이 줄었다는 뜻이다.

　　이 기간의 행사는 대관령에서 산신과 국사성황께 제사 지내고 국사성황을 강릉부로 모셔와 한바탕 놀이와 축제를 치른 후 다시 대관령으로 돌려보내는 것을 골자로 한다.

　　대관령국사성황은 범일국사이고, 대관령국사여성황은 범일국사가 혼인한 강릉 경방댁 정씨집 여인이며, 대관령산신은 김유신 장군이다. 이들은 생존한 시기는 각각 다르지만, 모두 실존 인물이라는 공통점을 가진다. 범일국사와 정씨집 여인은 강릉 사람이고 김유신 장군은 한때 강릉에 머문 바 있는 신라 장군이다.

　　이렇게 대관령국사성황으로 모시고 있는 범일국사는 과연 어떤 분이었을까?

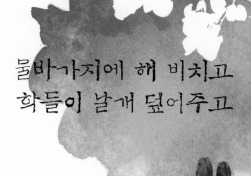

물바가지에 해 비치고 학들이 날개 덮어주고

범일국사는 810년(헌덕왕 2) 정월에 태어나 889년(진성여왕 3) 5월에 입적했다. 입적한 다음 나라로부터 받은 시호는 통효대사이고, 탑호(스님의 별호)는 연휘이다. 우리나라 불교 발전에 큰 업적을 남겼다. 신라하대 구산선문 가운데 선종불교의 본산이랄 수 있는 사굴산문을 열고 기틀을 다졌다.

범일의 출신에 대해서는 남당시대 고승의 행적과 어록을 적은 『조당집』에 비교적 자세히 기록되어 있다. 그의 할아버지 김술원은 경주의 벼슬아치로서 명주도독을 지냈으며, 그의 어머니는 문씨로 강릉의 호족 집안의 출신이었다. 그러나 아버지에 대해서는 특별히 알려진 바가 없다. 이유를 자세히 알 수 없지만 아마 지방 세력으로 고착되었기 때문이 아닌가 여겨진다.

『조당집』에는 "범일의 어머니가 해를 어루만지는 상서로운 꿈을 꾸고 잉태한 지 열석 달 만에 범일을 낳았는데, 머리카락이 소라처럼 말려 올라간 특이한 자태와 정수리가 진주 모양을 한 기이한 얼굴상이었다."라고 그의 출생과 신체적 특이성이 기록되어 있다. 그러나 『임영지』에는 또 다른 내용이 전해진다.

범일국사 진영(삼척 영은사)

신라 때 양가집 딸이 굴산(지금의 구정면 학산리)에 살고
있었는데, 나이가 들도록 시집을 가지 못했다. 어느 날
우물가에서 빨래를 하는데, 햇빛이 배를 비추자 저절로
태기가 있었다. 그녀는 지아비 없이 아이를 낳은 다음 집
안사람들이 이상하게 여길 것 같아 아이를 얼음 위에다
버렸다. 그러자 새들이 날개로 덮어주었고 밤중에 하늘
에서 상서로운 빛이 비쳤다. 그래서 아이를 도로 데려다
길렀는데, 이름을 범일이라 했다.

돌우물(석천)

이 기록에 나타난 범일의 출생과 관계있는 돌우물(석천)과 학바위는 지금도 강릉시 구정면 학산리에 남아 있다.

범일은 824년(원성왕 16) 15세 때 출가하여 5여 년 입산수도했다. 그가 출가한 곳이 어디인지는 정확하지 않으나 아마 강릉 부근의 사찰이었을 것이라 생각된다. 당시 낙산사에는 범일이 의상대사의 문인이라는 설이 유포되고 있었다. 이에 대해 일연은 『삼국유사』에서 범일은 의상의 문인이라 하는 것은 잘못된 것이라고 했다. 일연의 주장처럼 범일은 의상의 문인이 아니었다. 그러나 이런 설이 유포된 데에는 나름의 이유가 있었다.

범일이 후일 주지로 있었던 사굴산문의 본산은 굴산사●였

지만, 춘천의 건자암을 비롯하여 봉화의 태자사, 오대산의 월정사, 양양의 낙산사, 동해의 삼화사 등에도 그 세력이 미치고 있었다. 사굴산문은 영동 지역뿐만 아니라 영서 지역과 경상도 지역까지 세력이 미쳤던 것이다. 이런 식으로 낙산사에도 사굴산문의 세력이 미

● 굴산사가 언제 창건되었는지는 분명하지 않다. 『삼국유사』에는 범일이 "847년(문성왕 9)에 중국에서 귀국하여 먼저 굴산사를 창건하고 전교했다"고 하였으나, 『조당집』에는 "명주도독 김공이 거듭 굴산사에 주지하기를 청했다"라고 한 것으로 보아 범일이 주지를 맡기 이전부터이미 굴산사가 있었던 것으로 짐작된다. 굴산사가 범일 이전에 창건되었다고 하더라도 역사적인 의미를 갖게 되는 것은 범일이 주지가 되면서부터라 하겠다.

쳤을 것이며, 이 과정에서 의상의 화엄종 계열과의 관계를 염두에 둔 범일의 제자들에 의해 '범일이 의상의 문인'이라는 설이

유포되었을 가능성이 있다. 또 그의 십성제자 중의 한 사람인 두타승(속세의 번뇌, 의식주의 대한 애착, 욕망 등을 버리고 오직 청정하게 불도를 닦는 수행하는 승려) 신의는 자장스님과 신효거사가 거처하였던 오대산 월정사에 머물렀다. 이 때문에 범일과 그 문인들은 오대산을 중심으로 한 자장계의 화엄과 의상계의 화엄사상, 문수신앙을 선사상에 수용한 것으로 보기도 하지만 이 역시도 다만 추론할 뿐이다.

당나라로 가서 제안대사를 만나다

    범일은 20세 때 경주에 가서 구족계를 받고 청정한 수행으로 귀감이 될 만큼 수도생활에 전념했다. 그러다가 831년(흥덕왕 6) 왕자인 김의종과 함께 당나라로 가 제안대사를 만난다.

    범일이 묻는다.

    "어떻게 해야 성불합니까?"

    제안이 대답한다.

    "도는 닦는 것이 아니요 단지 더럽히지만 말 것이며, 부처라든지 보살이라든지 하는 소견을 가지지 말 것이니, 평상시의 마음이 바로 도이다."

    범일은 이 말에 크게 깨닫고 그를 6년 동안 스승으로 섬겼다. 그 후 중국 각지를 다니며 수도하던 중 844년(문성왕 6) 당나라 무종 때 승려들을 죽이고 사찰을 없애는 등 무자비한 방법으로 불교를 탄압하자 난을 피해 상산 땅에 숨어 있다가 나중에 소주에 가서 육조 혜능의 탑에 참배했다.

낙산사 칠층석탑과 원통보전

범일은 847년(문성왕 9)에 귀국해서 충청도 백달산에서 정진했다. 그러다 851년 42세 때 명주도독 김공이 굴산사 주지로 청하자 부름에 응해 굴산사로 왔다. 명주는 범일의 출생지이자 외가이며, 그의 할아버지가 명주도독을 지낸 연고지이기도 했다.

범일을 굴산사의 주지로 청한 김공은 어떤 인물이었을까? 그에 대해서는 보통 두 가지의 견해가 있다. 하나는 김주원계의

후예거나 그들 세력권 속에 있던 인물로 보는 쪽, 혹은 이와 달리 중앙에서 파견된 관리로 김주원계와는 다른 세력으로 보는 쪽이다. 그러나 신라하대 강릉 지역의 정세로 보아 명주도독으로 임명될 수 있는 인물은 김주원의 후손이거나 그 세력권에 있었던 인물이었을 것이다. 왜냐하면 신라하대에 영동 지역의 어떤 세력도 김주원 후손과의 연고 없이는 존재할 수 없었기 때문이다. 사굴산문과 같은 큰 산문세력의 형성에도 이들이 깊이 관여되어 있었다. 범일의 제자인 개청의 후원자도 명주장군 김순식이었다. 김순식은 개청이 주지였던 지장선원(현재의 보현사)의 최대 단월(후원자)이었다. 이처럼 명주 지역의 호족은 사굴산문의 적극적인 후원자였을 뿐만 아니라 그들과 불가분의 관계를 맺고 있었다. 범일이 명실 공히 이 지역의 호족과 지방민의 정신적 지도자 역할을 했던 것이다.

범일은 굴산사를 중심으로 영동 지역 일대에서 활발하게 선교활동을 전개했다. 그는 낙산사에 정취전을 짓고 정취보살을 모셨다. 낙산사는 676년(문무왕 16) 의상대사가 창건한 후 화엄 사상과 관음신앙의 중심지였다. 그러나 786년(원성왕 2)에 절의 대부분이 소실되어 858년(헌안왕 2)에 범일이 이를 중건했다. 범일의 낙산사 중건에 대해서는 『삼국유사』에 다음과 같은 설화가 전해진다.

그가 당나라에 있을 때 왼쪽 귀가 떨어진 양양 출신 스님으로부터 본국에 돌아가거든 자기 집을 찾아가 거기에 집을 지어 달라는 부탁을 받았다. 신라에 돌아온 다음 다시 꿈에 스님이 나타나 그가 사는 곳이 낙산 밑이라고 했다. 범일이 찾아가니 그 집 아들이 마을 남쪽 돌다리 가에 금빛 아이가 있다고 말했다. 범일이 그곳으로 가니 과연 돌부처가 물 한가운데 있었다. 얼른 꺼내 보니 당나라에서 본 스님과 똑같은 모습이었다. 범일은 그것이 곧 정취보살임을 알아보고 낙산 위에 불전을 짓고 그곳에 상을 모시었다. 정취보살은 다른 길로 가지 않고 목표를 향해 묵묵히 수행하는 부처이다.

범일은 동해의 삼화사를 중건하기도 했다. 또한 많은 문도를 배출하였는데, 그의 대표적인 제자로는 개청(835~930)과 행적(832~916)이 있다. 행적은 889년 범일의 법을 이어받아 사굴산문의 제2조가 되었다.

범일은 40여 년간 굴산사에서 선법을 전파했다. 그동안 경문왕·헌강왕·정강왕은 범일을 국사로 삼으려고 사람을 보내 경주로 오길 청했으나 모두 거절했다. 이들이 범일을 부른 이유는 알 수 없지만, 아마 명주 지역의 정신적 지도자인 범일을 불러들여 이 지역의 세력을 회유하고자 하였던 것은 아닐까 짐작된다.

범일은 임종 직전에 이렇게 당부한 뒤 입적했다.

"내 이제 영결하고자 하니 세속의 부질없는 정분으로 어지러이 상심하지 말라. 오로지 스스로의 마음을 지켜 큰 뜻을 깨뜨리지 말라."

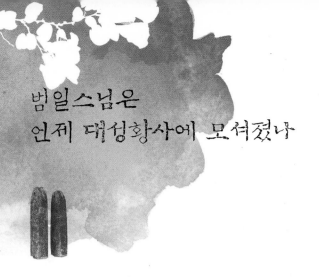

범일스님은
언제 대성황사에 모셔졌나

　　조선 초기 각 군현의 성황사 위치를 알려주는 자료는 1481
년(성종 12)에 편찬된 『동국여지승람』이다. 전국 325개 군현 가
운데 151개 군현의 성황사가 관아 부근에 있고, 79개 군현의 성
황사가 산에 있다. 강릉의 경우는 강릉부의 서쪽 100보 지점에
있었는데, 1909년 헐리기 전까지 강릉대도호부 관아 건물 뒤에
있던 대성황사가 바로 이것이다.

　　조선 초기 강릉 대성황사에는 '강릉대호부 성황지신'이라고
쓴 신위 하나만 봉안되어 있었다. 그러다 1530년(중종 25)에 편
찬된 『신증동국여지승람』에 지금 강릉 화부산에 있는 김유신사
를 성황사에 합쳤다고 했다. 그 후 광해군 연간에 편찬된 『임영
지』에는 성황지신, 송악지신, 태백대천왕신, 남산당제형태상지
신, 성황당덕자모왕지신, 신라김유신지신, 강문개성부인지신,
감악산대왕지신, 신당성황지신, 신라장군지신, 초당리부인지신
등 11신이 봉안되어 있다고 했다.

1928년 일본인 학자 아키바 다카시秋葉隆는 강릉을 방문하여 대성황사에 봉안된 신들을 조사했다. 그는 자신이 만난 어느 노인의 말을 바탕으로 강릉 대성황사 안에는 "흥무대왕 김유신, 송악산신, 강문부인, 초당부인, 연화부인, 서산송계부인, 범일국사, 이사부 등 12신이 있었는데, 그 노인이 12신의 이름을 모두 알아내려고 당시 무당 생존자에게도 물어보았지만 전부는 알 수 없었다."라고 했다. 즉, 범일국사가 대성황사에 봉안되었다고 최초로 언급한 사람은 일본학자 아키바 다카시인 것이다.

　　이런 기록으로 볼 때 범일국사가 대성황사에 봉안된 것은 광해군 이후의 어느 시기로 생각된다. 앞서 말했듯 광해군 때 편찬된 『임영지』에는 범일국사가 나타나지 않기 때문이다. 대성황사에 봉안된 12신의 이름을 최초로 모두 언급한 사람은 우리나라 1세대 민속학자이자 강릉단오제가 국가중요무형문화재로 지정되는 데 큰 역할을 한 임동권 선생이다.

　　강릉 대성황사에 봉안되어 있던 12신은 ① 산신(송악산지신, 태백대왕신, 남산당제형태상지신, 감악산대왕지신, 김유신지신), ② 지모신(성황당덕자모지신, 초당리부인지신, 서산송계부인지신, 연화부인지신), ③ 장군신(김이사부지신), ④ 성황신(신무당성황신, 범일국사지신)이었다. 이는 지역적으로 강릉 주위에 모셔지던 신을 한 곳에 봉안한 것이라 생각된다. 이것을 정리하면 다음과 같다.

강릉 대성황사에 모셔진 신위의 변화 추이

출 처	봉안 신위
조선 초기 (1481)	성황지신
신증 승람 (1530)	성황지신, 김유신
『임영지』 (광해군)	성황지신, 송악지신, 태백대천왕신, 남산당제형태상지신, 성황당덕자모왕지신, 신라김유신지신, 강문개성부인지신, 감악산대왕지신, 신당성황지신, 신라장군지신, 초당리부인지신(11신위)
아키바 다카시 (1930)	흥무대왕 김유신, 송악산신, 강문부인, 초당부인, 연화부인, 서산송계부인, 범일국사, 이사부(8신위)
무라야마 지준 (1937)	성황신 외에 다른 산신과 장군신 등 봉안
임동권 (1966)	송악산지신, 태백대왕신, 남산당제형태상지신, 감악산대왕지신, 성황당덕자모왕지신, 신무당성황신, 김유신지신, 이사부지신, 초당리부인지신, 서산송계부인지신, 연화부인지신, 범일국사지신(12신위)

　글의 첫머리에 잠시 언급했듯 강릉에는 지방 수령이 지내는 성황제 말고도 고려시대 이래로 향리들이 주도하는 성황제가 있었다. 이는 조선시대에 들어와 부정한 귀신에게 지내는 제사라며 금지했는데도 여전히 성행했다. 이에 관한 기사가 있다.

　영동의 민속에는 매년 3·4·5월 중에 날을 받아 무당을 맞이하고 수륙의 별미를 극진히 마련하여 산신에게 제사를 드린다. 부자는 제물을 말 바리로 실어 오고 가난한 자는 지거나 이고 와서 제단에 차려 놓고, 피리를 불고 비파를 타며 즐겁게 사흘을 연이어 취하고 배불리 먹은 연후에야 집으로 내려와서 비로소 사람들과 매매를 시작한다. 만약 제사를 지내지 않으면 한 자의 베도 남과 매매할 수 없다.

– 『추강선생문집』 권5, 유금강산기

이 기사는 남효온이 1485년(성종 16)에 고성군을 지나면서 영동 지역의 민속에 대해 기록한 것이다. 무당을 불러 산신에게 제사를 지내고 사흘 연이어 피리를 불며 비파를 타며 취하고 노는 풍습으로 볼 때 강릉단오제도 이와 유사했으리라 생각된다.

김유신 장군을 모신 대관령산신당

대관령산신제

　　강릉단오제 때는 대관령에 가서 산신을 맞이하여 강릉으로
모셔온다. 『임영지』에는 산신의 사당은 강릉부 서쪽 40리 되는
대관령 고개 위에 있는데, 신을 맞이하는 곳에서 제사를 지낸다
고 했다. 1603년(선조 36) 여름 강릉단오제를 구경한 허균은 그
의 문집 『성소부부고』에 대관령산신이 김유신 장군이라고 했다.
김유신 장군을 신으로 모시는 것은 김유신이 젊었을 때 명주에
서 산신에게 검술을 배우고 신검을 만들어 그것으로 고구려와
백제를 평정하였으며, 죽어서는 대관령의 산신이 되어 신령스

런 이적을 보였기 때문이
다. 그래서 고을 사람들은
매년 5월 1일이 되면 대관
령에 가서 산신을 맞이하
여 강릉으로 모셔왔고, 닷
새 되는 날에 여러 놀이로
신을 기쁘게 해주었다는
것이다. 이때 신이 기뻐하
면 그 해는 풍년이 들고,

대관령산신(김유신장군)

신이 화를 내면 천재지변이 들었다고 한다.

　강릉 지역에서 김유신 장군을 기리는 모습은 두 가지 형태로
전개되었다. 하나는 고을 주민들의 공동축제와도 같은 단오제에
서 모시는 것이었고, 다른 하나는 화부산사와 같이 사당에 모시
는 것이었다. 사당에 모시는 기록으로 다음과 같은 것이 있다.

　　화부산사는 신라 명신 김유신의 사당이다. 말갈을 북쪽
　　으로 쫓아내라는 왕명에 따라 이를 정복하기 위해 신유
　　년(무열왕 8년, 661)에 명주에 와 화부산 아래에 주둔하며
　　칼을 만들었고, 오대산에서 말 타는 훈련을 하고 팔송정
　　에서 토벌계획을 도모했다. 적이 모두 두려워 도망가니
　　사방의 백성들이 의지하고 따랐다. 선생이 죽은 후 예전
　　에 보호받은 것을 생각해 주둔처에 사당을 짓고 제향하

였는데 세월이 흘러서도 변하지 않았다.

　　　　　　　　　　　　　　　　　　　－『동호승람』

　　강릉의 김유신사가 언제 세워졌는지는 알 수 없지만, 고려
말 문인학자였던 정추가 지은 「강릉 동루에서 달을 마주하여」라
는 시를 통해 유추해 볼 수는 있다. 이 시의 설명에 '강릉에 김
유신사가 있다'고 한 것으로 보아 김유신사는 고려 때 이미 있
었음을 알 수 있다. 그러나 이는 고려 때 세운 것이 아니라 통일
신라 때부터 있었던 것으로 보인다.

화부산사(강릉시)

처음엔 김유신을
조선 후기부터 범일국사 모셔

대관령이 지역적 요충으로 중시된 것은 고려왕조에 들어와 서이다. 신라 때는 경주와 왕래가 편한 안목이 요충지였다. 고려 건국 이후 대관령은 영동 지역에서 영서 지역으로 통하는 중요한 관문 역할을 하게 된다. 대관령에서 제사를 지냈다는 기록은 936년(태조 19)에 최초로 나타난다. 이에 대해서는 다음의 기사가 주목된다.

태조가 신검을 토벌할 때, 순식이 명주로부터 군사를 거느리고 와서 연합하여 적을 격파했다. 이때 태조가 순식에게 말하기를 "짐이 꿈에 이상한 스님이 갑사 3천 명을 거느리고 온 것을 보았는데, 다음날 경이 군사를 거느리고 와서 도우니 이것이 바로 그 꿈대로다."라고 했다. 이에 순식이 말하기를 "신이 명주를 떠나 대관령에 이르렀을 때 이상한 스님을 모신 사당(이승사)이 있기에 제사

를 차리고 기도하였는데, 왕께서 꿈꾼 것은 반드시 이것
일 것입니다" 라고 하니, 태조가 기이하게 여겼다

- 『고려사』 권92, 왕순식전

그러나 광해군 때 편찬된 『임영지』에는 『고려사』와 다르게
기록되어 있다.

"왕순식이 고려 태조를 따라 남쪽을 정벌할 때 꿈에 스
님과 속세의 두 신이 군사를 거느리고 와서 구원해주었
다. 꿈에서 깨어나 싸워 이기매 대관령에서 제사를 지냈
는데, 이것이 지금까지 이어져 오고 있다"고 했다.

- 『임영지』 전권2

지금까지 연구자들은 『고려사』에 보이는 대관령에 있는 이
상한 스님을 모신 사당에 제사를 차리고 기도했다는 점에 주목
하여 이 사당에 모신 스님이 현재 강릉단오제의 주신인 범일국
사라 하고, 그것이 오늘날 국사성황제로 이어지고 있다고 한다.
하지만 그 사당에 모신 스님이 범일국사라는 것은 추정할 뿐이
지 실제 범일국사인지 확인할 길이 없고 그때 제사를 차리고 기
도한 것이 오늘날 국사성황제로 이어지고 있는지도 검증할 방
법이 없다. 설령 『임영지』에 실려 있는 내용을 그대로 받아들인
다 하더라도 거기에 등장하는 고려 태조 때 대관령에 있던 '이

상한 스님을 모신 사당'이라는 표현 속의 스님을 범일국사라고
하는 것은 설득력이 떨어진다.

그러나 기록으로 보아 왕순식이 후백제의 신검군을 토벌하
러 갈 때 제사를 지냈다는, 대관령의 '이상한 스님을 모신 사
당'이 936년 이전부터 존재했던 것만은 확실하다. 그 사당에는
936년 이전 신라 때 활동했던 강릉과 관련 있는 명망 높은 스님
이 봉안되었을 것으로 보인다.

문헌상 대관령에서 모시는 신이 산신에서 국사로 바뀐 것으
로 파악되는 기록은 1786년(정조 10)에 편찬된 『임영지』에 처음
으로 나타난다.

읍에는 각각 성황사가 있어 봄가을에 제사를 올리는
데, 강릉에는 봄가을에 제사를 올리는 외에 특별히 다른
것이 있다. 매년 4월 15일에 강릉부의 현직 호장이 무당
을 거느리고 대관령에 가는데, 고개 위에는 신사 한 칸
이 있다. 호장이 신당 앞에 나가 아뢰고 남자 무당으로
하여금 숲 속에 신령이 깃든 나무를 찾아오라고 한다.
갑자기 회오리바람이 불어 가지와 잎이 절로 흔들리면
신령이 깃든 나무라 하여 나뭇가지 하나를 잘라 건장한
장정으로 하여금 받들게 했는데 이를 국사라 했다.

행차할 때에는 피리를 불며 앞에서 인도하고, 무당들은
징을 울리고 북을 치며 따르며 호장은 말을 타고 뒤따라

천천히 간다. 이를 구경하는 자가 마치 담장처럼 둘러섰다. 어떤 사람들은 종이와 천을 찢어서 신령이 깃든 나무에다 거는가 하면 어떤 사람들은 술과 안주를 마련하여 무당들을 위로했다. 어두워질 무렵 관아에 도착하면 뜰에 세워 놓은 횃불이 주위를 환하게 밝히고 이어 관노비들이 정성껏 맞이하여 성황사에 안치했다.

5월 5일에 무당들이 각종 비단 자락을 모아 고기비늘처럼 나란히 폭을 이어 오색찬란하게 만들어 긴 장대에다 거니 마치 우산을 편 것 같았다. 비단자락에 각기 이름을 쓰고 괫대를 만들어 힘센 장정이 이를 받들고 앞장서면 무당들은 풍악을 울리며 그 뒤를 따르고 광대들은 놀이를 하며 행진했다. 이렇게 온종일 놀다가 성의 남쪽 문으로 나가 소학천에 이르러 파하였는데, 대관령에서 받들고 온 신목은 그 다음날 성황사에서 태웠다. 고을의 이런 풍습이 상례화된 지 이미 오래되었다. 이 행사를 치르지 않으면 바람이 불고 비가 내려 농사를 망치고 짐승들이 사람을 해친다고 했다.

– 『임영지』 속권1, 풍속조

이 기록에 나오는 국사는 대관령국사성황신으로 파악된다. 범일국사가 입적한 다음 대관령국사성황신이 되었다고 하는 근원설화가 처음 등장하는 것은 임진왜란 이후이다. 여기에 대해서는 다음과 같은 유래담이 전해온다.

> 범일국사는 강릉 진복리에 살았는데, 때마침 임진왜란
> 이 일어났다. 국사가 대관령에 올라가서 기도를 하니, 산
> 하초목이 모두 군대의 모습으로 보였으므로 일본군이 감
> 히 공격하지 못하고 달아나 버렸다는 일화를 남긴 걸출
> 한 승려이다. 이런 이야기는 모두 산신신앙이 영웅신으
> 로 변형되어 가는 과정을 나타낸 것이다.
> － 일본학자 아키바다카시가 1930년에 쓴 「강릉단오제」

이 이야기는 범일국사가 임진왜란 때 왜군을 술법으로 격퇴
한 공으로 사후에 대관령국사성황신이 되었다고 한다. 여기서
주목되는 것은 신라하대 고승이었던 범일국사가 16세기 말에
생존했던 인물로 전해진다는 점이다. 이것은 임진왜란의 고통
스런 기억이 아직 생생하게 남아 있었던 민중들의 입장에서 볼
때, 시대를 초월하여 이런 고통으로부터 자신들을 구원해 줄 이
지역 출신인 범일을 신격화한 것으로 해석된다. 광해군 때 편찬
된 『임영지』 석증조에 범일국사 탄생설화가 처음으로 등장하는
것도 이와 밀접한 관계가 있다.

지금까지의 이야기를 한번 정리해 보도록 하자. 강릉단오제
의 주신은 본래 김유신을 대관령산신으로 모셔왔으나, 조선 후
기에 들어와 이 지역 출신인 범일을 대관령국사성황신으로 모

셨다. 범일국사가 대관령국사성황신으로 모셔짐에 따라 강릉단
오제 행사는 대성황사에서 이루어졌고, 단오 기간 중에 대성황
사의 12신과 대관령국사성황에 대한 제사가 함께 이루어졌을
것이다.

그러나 1894년 갑오개혁 때 대성황사에 봉안되었던 12신을
땅 속에 묻어버리면서 12신은 신앙과 축제의 현장에서 사라지
고, 단오제는 국사성황이 주가 되는 축제로 그 범위가 축소되었
다. 이에 따라 축제의 형식도 팔단오에서 오단오로 바뀌게 되었

던 것이다.

일제는 강점 이전인 1909년 축제의 중심공간이었던 대성황
사를 헐어버리고 그곳에서 진행되던 강릉단오제를 금지했다.
이런 사실은 강릉 출신의 한학자였던 심일수의 『돈호유고』에 "5
월 단오에 무당들이 대관령국사성황신을 맞이하는 놀이를 일본
인이 금지하여 비로소 폐지되었다."라고 한 것이라든지, 1911년
강릉의 한 부녀가 남편과 함께 서울을 다녀온 후에 남긴 기록인
『셔유록』에 "매년 사월 초파일에 강릉 남천 물가에 성황을 모실

범일국사를 주신으로 모시는 강릉단오제

때, 그날 저녁 풍악소리와 횃불빛은 일대 장관이더니 수년간에
는 완전히 폐지했다."라고 한 것에서 확인할 수 있다.

그러나 일제의 금지에도 불구하고 강릉단오제는 계속되었
다. 이런 사실은 다음 사례를 통해 확인할 수 있다.

1928년 강릉을 방문하여 조사한 아
키바 다카시는 "지금은 옛날의 모습을
보이고 있지 않지만, 그래도 5월 1일부
터 7일까지 읍내에 장이 서고, 시장 한
쪽 구석에서 무녀의 가무가 행해지고 있
어 역시 옛 신앙의 흔적이 샛별처럼 남
아 있는 듯하다."라고 했다. 또한 1930
년 강릉 지역의 생활실태를 조사한 젠쇼
에이스케善生永助는 "근세에 이르러 미
신의 풍속이 일변함에 따라 굿은 행하
지 않고, 오직 단오라는 이름만 남아 있
다. 하지만 이를 계기로 운동회가 열리
는 까닭에 인근 고을에서 많은 사람들이
모여들어 시가지가 일 년 중 가장 번잡
하다."라고 했다. 그리고 황루시 교수는
무녀 신석남과의 인터뷰를 통해 일제강
점기 이후 중앙시장을 중심으로 하는 상
인들이 단오제 비용을 부담하여 무당패

를 불러 사고 없이 장사를 잘 되게 해달라고 빌었다고 밝힌 것을 볼 때, 일제의 압박에도 강릉단오제를 즐기려는 민중의 마음까지는 꺾을 수 없었던 것 같다.

1980년대 강릉단오제(강릉문화원)

02

신종불교의 본산
사굴산문과 범일스님

임호민(가톨릭관동대학교 기초교육대학 교수)

사굴산문이란 무엇인가

　산문이란 무엇인가? 글자풀이 그대로 산에 있는 문이다. 보통 절 입구에 있는 일주문을 말하기도 하고, 사찰을 말할 때도 그렇게 말한다. 좀 더 넓게 하나의 산과 사찰을 중심으로 만들어진 불교의 한 종파를 의미하기도 한다. 따라서 사굴산문은 굴산이라는 산 아래에 자리 잡은 굴산사라는 절을 중심으로 형성된 선종불교의 한 종파를 의미한다. 선종은 인간의 마음을 참구(참선하여 진리를 탐구)하여 인간이 본래 지니고 있는 성품이 부처의 성품임을 깨달을 때 부처가 된다고 말한다. 언어나 문자를 거치지 않고 곧바로 부처의 마음을 중생의 마음에 전하는 것이다.

　고구려, 백제, 신라가 각각 불교를 처음 받아들일 때, 그 이념은 교종불교였다. 교종은 부처의 가르침과 그것을 문자로 나타낸 경전을 중시해 문자를 알고 경전을 잘 이해할 수 있는 왕실과 귀족들이 열성으로 믿었다. 그러나 일반 백성들은 교종불교를 가까이 할 수 없었다. 교종불교의 이념을 올바르게 따르려면 불경을 읽을 줄 알아야 하는데, 문자를 몰랐기 때문에 도무지 불교의 교리를 깨달을 수 있는 방법이 없었기 때문이다.

삼국통일기에 원효와 의상은 교종을 체계화하여 삼국통일의 사상적 기반을 형성했다. 그런데 9~10세기 통일신라 말에서 고려 초에 이르는 시기에 불교는 참선수행으로 깨달음을 얻는 것을 중요하게 여기는 새로운 경향의 선종이 유행하기 시작했다.

통일신라 때 선종 확산을 주장하였던 도의선사는 설악산 남쪽 산기슭에 진전사를 짓고 선학 공부에 힘썼다. 도의는 37년 동안 당나라에 머무르다 821년(헌덕왕 13) 귀국하여 선법을 펴고자 하였으나, 당시 사람들이 교리와 경전을 중시하는 교종불교만 숭상하고 탐진치(탐욕과 분노와 어리석음의 3독)를 소멸시켜 열반 상태에 이르는 무위법을 믿지 않아 뜻을 이루지 못했다.

도의가 적극적으로 전파하고자 했던 선종은 당시로서는 엄청난 변혁사상이며, 인간의 평등과 인간성의 고양을 부르짖는 진보적 가치관이었다. 그런데 경주를 중심으로 한 왕실과 귀족, 그리고 교종 승려들은 도의선사의 이야기를 마귀의 소리라 규정하고 가까이 두기를 꺼렸다. 도의는 아직 시기가 오지 않았음을 깨닫고 설악산 진전사로 들어가 40년 동안 수도하다가 제자 염거에게 남종선을 전하고 세상을 떠났다.

염거의 제자 체징은 전라남도 장흥 가지산에 가지산파를 세워 크게 선풍을 떨쳤다. 이때 도의를 제1세, 염거를 제2세, 자신

을 제3세라고 하여 도의가 가지산파를 처음 시작한 것으로 기록
하고 있는데, 이처럼 우리나라에서 선종을 처음 시작한 승려가
도의선사이다.

진전사지 삼층석탑

진전사지 삼층석탑 2층 기단부 부조

진전사지 도의선사 부도탑

영동 지방에 선종이 유입된 것은 도의가 양양의 진전사에 은거하면서 시작되었다고 볼 수 있다. 그가 교종불교의 한 종파인 화엄종 승려인 지원과 나눈 대화 속에서 선종의 중요성과 그가 주장한 선종의 수행방법을 확인할 수 있다.

지원은 도의에게 이렇게 묻는다.

"교리에서 믿음과 이해와 수양과 증명을 실행한다는 것은 어떤 것이 정당한 것이며, 어떤 불계를 성취할 수 있습니까?"

질문에 도의는 다음과 같이 답했다.

"무념무수의 이성이 믿고 이해하고 수양하고 증명할 따름이다. 선의 요지를 가르치는 법은 부처와 중생도 공부로 얻는 것이 아니라 애초의 이치와 성품으로 나타날 뿐이다. 그러므로 교종의 오교 외에 따로 심인법(마음의 본바탕으로 불심에 이르는 법)을 전하는 것이다. 이걸 전할 때 부처의 형상을 나타내는 까닭은 이 선법을 알지 못하는 사람들이 그것을 쉽게 알게 하기 위한 방편으로 임시로 나타내는 것일 뿐이다. 비록 다년간 불경을 공부한다 할지라도 이것으로 달마조사의 심인법을 증명하고 얻고자 한다면 부지런하다고 할지라도 얻기 어려울 것이다."

그러자 지원은 자리에서 일어나 도의에게 예를 다하여 다음과 같이 말했다.

"화엄의 교훈을 잠시 배웠지만 불심인의 법은 들어보지 못했습니다."

지원이 도의에게 승복한 것이다. 이처럼 선종은 무념무상의 정신을 기본으로 하면서 믿음, 이해, 수양, 증명을 실천방법으로 제시한 서민적인 불교라 할 수 있다.

9~10세기 구산선문의 발생지

통일신라 말 선종이 널리 전파되면서 아홉 갈래로 나누어졌는데 이것을 구산선문이라고 한다. 이 구산선문 중에서 강원도 영동 지역을 중심으로 만들어진 종파를 사굴산파, 도굴산파, 또는 굴산파라고 하는데, 이 말은 범어 Grdhra-Kuta의 음역으로 영취산을 의미한다. 영취산은 고대 인도 마갈타국의 왕사성 동북쪽에 있는 산으로 석가모니여래가 법화경과 무량수경을 강론한 곳으로 다른 말로는 영산, 취령, 취산이라고도 한다.

굴산파를 창시한 승려가 범일선사이며, 중심 사찰이 굴산사이다. 지리적으로는 강릉시 구정면 학산리에 있는 현재의 굴산사터 일대이다.

범일이 굴산사라는 절에 주지로 온 때는 851년(문성왕 13)이며, 이때 강릉 지역을 중심으로 형성된 호족세력이 범일을 굴산사의 주지로 초청하면서 굴산파가 시작되었다. 굴산파는 기도와 참선수행으로 부처님의 깨달음에 도달하고자 하는 선문활동을 펴나갔다. 이것은 지역 민중들로부터 큰 호응을 얻었으며, 계속 성장하여 영동 지방의 모든 지역으로 확산되어 많은 절들이 새롭게 지어지거나 또는 교종 중심의 기존 사찰들이 선종으로 변화되는 결과를 낳았다.

여기에서 당시의 사회적 상황을 잠깐 이야기해야 할 것 같다. 통일신라 말인 9세기 이후는 정치·사회적으로 매우 혼란했다. 예컨대 경주의 왕족과 귀족들은 서로 왕권을 차지하기 위해 권력 다툼에 온힘을 다하는 한편 백성들로부터 많은 세금을 거두어들여 원성이 자자했다. 지방의 권력자들은 중앙의 그러한 구태의연한 권력 다툼과 잘못된 정치에 실망한 나머지 독자적으로 세력을 모아 정치집단화하면서 정치·군사·행정 등 여러 분야에 걸쳐 경주 귀족과 반대되는 세력을 형성했다.

이런 지방 권력자들을 호족이라고 하는데, 그들에게는 정치·군사·행정 면에서 독자적으로 세력화를 이루어가는 과정에서 지방민들을 하나로 결속시킬 수 있는 정신적인 구심점이 필요했다. 그것은 지역 백성들을 하나로 묶을 공통된 생각과 행동양식을 만들어 내는 것이었다. 그런 목표를 달성할 수 있는 방편 중에 하나가 바로 종교적 결속이며, 신분 고하를 막론하고 누구나 함께 할 수 있는 그런 종교적 행동양식이 바로 선종, 즉 선학이념이었던 것이다. 범일은 바로 이런 때에 사굴산문을 창시해 영동 지방의 호족들과 민중의 마음을 하나로 묶으며 정신적 지주 역할을 했던 것이다.

범일의 선학이념은 그가 세상을 떠난 다음 고려 때에도 계속 이어져 전국적으로 발전·확대되어 갔으며, 오늘날 불교의 대부분을 차지하고 있는 조계종으로 이어지고 있다.

당나라 유학 시절
교학에서 선학으로

　범일은 선승이었지만 불교에 귀의한 초기에는 자장계의 화엄사상의 전통을 이어받았으며, 선승이 되어서도 평소에 화엄경을 즐겨 읽었다. 범일이 불교에 입문한 초기의 상황을 보면 827~835년 사이에 신라의 왕자 김의종과 함께 당나라 유학길에 올랐다. 왕자와 함께 유학을 떠났다는 것은 범일이 당시 도성의 왕실 또는 귀족들과의 친분 관계가 있었음을 의미한다. 당시 왕실이 대체로 교종을 선호하였던 상황을 생각해 볼 때 범일역시 입문 초기 단계에는 비교적 교학불교에 가까웠던 것으로 이해할 수 있다.

　그러나 당시 신라에는 선종의 두 부류인 북선종과 남선종이 유입된 상태였으며, 당나라 역시 선풍이 확산되고 있는 시점이었기에 범일 역시 불교계의 새로운 풍조인 선종을 익히기 위해 당으로 유학을 떠났던 것으로 보인다.

　당나라의 선종은 달마대사로부터 시작되었고, 6대조 혜능조사에 와서 북선종과 남선종으로 나누어졌다. 북선종은 혜능의 제자인 하택 신회가 732년 대운사에서 종론을 제기하면서 시작되었고, 남종선은 달마대사의 제자 조계혜능(638~713)부터 시작되었다.

달마대사가 '편안한 마음으로 벽을 바라보면서(안심관벽)' 깨달음을 구했던 것이 6대조 혜능에 와서는 '문자에 입각하지 않으며, 본연의 품성을 보고 부처가 된다(불립문자 직지인심 견성성불)'고 하기에 이르렀던 것이다. 혜능의 뒤를 이어 8대조인 마조도일에 이르면 더 나아가 '타고난 마음이 곧 부처'임을 주장했다.

범일이 본격적으로 선학에 관심을 갖게 된 시기는 831년(흥덕왕 6)으로 당나라에서 마조도일의 제자인 제안선사를 만나면서 부터이다.

"그대는 어디에서 왔는가?"

"동국(신라)에서 왔습니다."

"수로로 왔는가? 육로로 왔는가?"

"두 가지 길 모두 밟지 않고 왔습니다."

"그 두 길을 밟지 않았다면 그대는 어떻게 여기에 이르렀는가?"

"해와 달에게 동과 서가 무슨 장애가 되겠습니까?"

그러자 제안선사가 "실로 동방의 보살이로다." 하고 범일을 칭찬했다.

또 성불의 방법에 대해서는 다음과 같이 선문답했다.

"어떻게 해야 성불할 수 있습니까?"

"도는 닦을 필요가 없으니 그저 더럽히지 말라. 부처다, 보살이다 하는 견해를 짓지 말라. 평상의 마음이 도이니라."

범일은 제안선사와의 만남이 해와 달의 도움으로 가능했다고 선문답을 주고받으면서 그의 제자가 될 수 있었으며, 또 성불의 방법에 대한 선문답에서 '평상심이 바로 도'라는 한마디 말에 크게 감명 받아 6년 동안 그를 스승으로 섬겼다.

이후 제안선사 곁을 떠나 선종 학습을 하다 유엄대사를 만나 선문답을 하였는데 그 내용은 다음과 같다.

"요즘 어디서 떠났는가?"
"강서에서 왔습니다."
"무엇하러 왔는가?"
"화상을 찾아 왔습니다."
"여기는 길이 없는데 그대가 어떻게 찾아 왔는가?"
"화상께서 한걸음 더 나아가신다면 저는 화상을 뵙지도 못할 것입니다"

그 대답에 유엄이 "대단히 훌륭하구나! 정말 대단히 훌륭하구나! 밖에서 들어온 맑은 바람이 사람을 얼리는구나!"하고 범일을 칭찬했다.

이어 범일은 중국의 명승지를 돌아다니면서 참선 수도했다. 그러던 중 844년 7월 당나라 무종이 칙령으로 승려를 박해하고 사찰건물을 철거하며 불교를 탄압하자 상산 땅에 숨어 홀로 선학을 닦았다. 이후 운주에 가서 혜능조사의 탑을 예배하겠다는 결심으로 상산을 떠나 조계에 이르렀다. 범일이 조계에 다다르자 향기어린 구름이 묘탑 앞에 서리고 신령한 학이 날아와 누대 위에서 지저귀니 사원의 대중이 "이런 상서는 실로 처음 있는 일이다. 필시 선사께서 오신 징조일 것이다."라고 수근거렸다.

범일에게 '평상심이 바로 도'라고 전한 제안선사의 스승은 마조도일이다. 마조(709~788)는 6대조 혜능 이후 중국 선종 역사에서 가장 중요한 인물로 그가 입적한 후 그를 마조사라 불렀다. 마조사의 가르침은 세 가지로 요약된다. 첫 번째는 '타고난 마음이 곧 부처(즉심즉불)' 두 번째는 '도는 닦을 필요가 없다(도불용수)', 세 번째는 '평상심이 바로 도(평상심시도)'이다.

한편 범일은 당으로 유학을 떠나기 전 이미 북선종 또는 남선종에 대한 이해를 가지고 있었던 것으로 보인다. 그것은 당시 영동 지방에 유입된 선문의 경향으로도 짐작할 수 있다. 앞서 우리나라에서 처음 선종의 이념을 전파했다고 했던 도의선사는 '평상시의 평범한 마음이 바로 도'라는 홍주종을 공부하고 귀국하여 남선종을 권했다. 그러나 이때 사람들은 경전을 숭상하고 불타에 귀의하는 법에만 익숙하여 타고난 마음이 곧 부처이며 평상심이 바로 도라는 선종에 관심을 갖지 않고 그것을 허황된 것으로 여겼다. 도의선사 역시 교종불교 중심의 신앙적 분위기 속에서 환영받지 못하고 설악산 진전사로 은둔하였던 것이다.

그런데 도의선사 이전에 이미 부처의 참뜻을 단계적 수행을 통해 점점 깊이 깨달아 가는 북종선의 선풍이 신라에 전해졌는데, 이를 도입해 온 승려 항수선사는 교종으로부터 크게 비난받지 않았던 것으로 보인다. 그것은 교종이 경전공부를 중요하게 여기듯 남종선도 수행을 통하여 단계적으로 점점 깊이 깨달아 가는 선법의 방식을 추구했기 때문이었다.

항수서사 이외에도 도의보다는 시대가 약간 앞서는 신행이나 법랑이 북종선 도입에 큰 역할을 했고, 아울러 신라 사회에 북선종이 널리 확산되어 있었다. 북선종은 교종불교와도 연계되어 있었으며, 특히 신행이나 그의 제자 법륜은 교종의 법상종 사상에 익숙해 있어서 '모든 현상은 마음의 활동이며 바깥 대상은 존재하지 않는다'는 유식唯識에 대한 이해가 깊었다. 또 북종선 사상은 화엄사상이나 밀교사상과도 연관되어 있었다.

이처럼 북선종이 교종불교와 큰 마찰을 빚지 않은 것과 달리 도의가 도입한 남선종은 처음부터 교종불교와 마찰을 겪었다. 남종선은 북선종과는 달리 수행의 얕고 깊은 차례를 거치지 아니하고 선을 통해 깊고 묘한 원리를 단번에 깨달을 수 있다는 것 때문이었다. 이 때문에 교종불교로부터 공부도 하지 않고 도를 얻는 혹세무신의 종파라고 비판받으면서 도입 초기 어려움에 직면했다. 그러다 혜초의 선풍이 수용되면서 신라하대 불교계에 변화의 조짐이 나타난다. 이런 변화 요인은 선종이 지니고 있던 개인주의적 성향이 중앙정부의 간섭을 배제하면서 독자적인 세력을 구축하려는 지방 호족들의 뜻과 잘 부합되었기 때문이다.

진전사지터에 남아 있는 주춧돌과 삼층석탑

설악산 진전사에 은둔하고 있던 도의가 처음 남선종을 권하던 때가 821년(헌덕왕 13) 경이었다. 도의는 그 법을 염거에게 전하고, 염거는 설악산 억성사에 주지하면서 체징에게 법을 전하였으며, 양양 선림원의 홍각도 염거의 제자로 억성사에 머물러 있었다. 즉, 범일이 출가했던 826년 전후에 이미 영동 지방은 남선종이 유입되어 그 법맥이 계승되고 있었고 이 점은 당시 지역 불교계에도 영향을 주었을 것이다.

범일의 불교사상,
왕족보다 지방 호족들이 지원해

신라에 도입된 선종은 진성여왕 시대를 전후하여 크게 변화되었다. 초기 선종은 왕실과의 관계를 고려해 교학적 경향을 완전히 부정하지는 않았다. 그러나 진성여왕 이후 선종사상은 조사선(불경의 뜻풀이에 매이지 않고 이심전심으로 전하는 선법)의 우위를 주장해 가는 경향을 띠었다. 사굴산문을 처음 연 범일은 평상의 마음이 바로 도리라 하였는데, 석가가 보리수 아래에서 깨침은 진실한 것이 아니며, 그 뒤 진귀조사를 만나 깨친 것이 바로 조사선이라 했다. 이것은 여래선보다 우월한 것이 바로 조사선이라는 의미이다.

진귀조사설은 1293년 진정국사 천책이 저술한 『선문보장록』에 수록된 범일의 사상이다. 이에 대한 불교계의 비판적 견해도 있지만 그것이 범일의 사상으로 인용되었다는 것만 보아도 그의 사상 경향은 조사선의 수립에 중점을 두었던 것으로 보인다.

범일은 수행자의 본분에 대해 '부처의 뒤를 따르지도 말고 다른 사람의 깨달음도 따르지 말라. 본래 부처의 철두철미한 자기본분의 자각을 수행의 목표로 삼을 것'을 강조했다. 동리산문

강릉 신복사지 삼층석탑과 석조보살좌상

출신의 통진대사가 범일을 방문한 후 "옥을 캐고 구슬을 탐색하 듯 어찌 도가 먼 곳에 있겠는가. 행하면 바로 그곳에 있다."라고 했는데, 이는 도가 다른 곳에 있는 것이 아니라 바로 자기 안에 있다는 것을 말하는 것이다.

범일은 임종 직전에 "내 이제 영결하고자 하니 세속의 부질없는 정분으로 어지러이 상심하지 말라. 오로지 스스로의 마음을 지켜 큰 뜻을 깨뜨리지 말라."라고 당부했다. 이는 석가모니가 열반하면서 남긴 "법과 자신을 등불로 삼고, 법과 자신에 의지하라(법등명 자등명)"라는 말씀을 강조한 것과 같다.

범일의 선사상은 선사들이 왕실보다는 지방 호족 쪽으로 기울어지는 분위기와도 연관되어 있다. 범일의 제자 행적은 일심을 중심으로 한 외화를 강조했다. 이런 사상체계는 왕건이 고려를 건국하고 후삼국을 통일하는 과정에서 더욱 강화되어 교선일치 사상을 낳게 되었다. 범일의 평상심은 행적의 일심으로 이어졌고 그것은 고려 왕건이 교와 선의 교섭문제를 정치적으로 해결하는 과정에서 등장한 교선일치 사상으로 발전하였던 것이다.

범일에 대한 평가는 그의 법통을 계승한

제자들의 비문에도 잘 나타나 있다. 낭원대사 개청의 비문에는 범일을 '시대를 타고난 큰 인물이자 속세를 뛰어 넘는 선인으로 능가보월의 마음을 깨닫고 인도제천의 종성을 모두 통달한 선승'이라 하였고, 신라 말 고려 초 학자인 최치원은 「지증대사비문」에서 범일을 포함한 13명의 고승들에 대해 '덕이 두터워 중생들의 아버지가 되었으며, 도가 높아 왕의 스승이 될 만한 사람들'이라고 했다.

범일이 불교에 입문하던 때인 9세기 초반은 교종이 우세한 가운데 북선종과 남선종이 도입되어 점차 확산되던 시기로 그의 불교입문에 교학적 이념이 중요하게 작용하였다. 이후 당으로 건너가 유학한 다음 귀국하여 사굴산문을 처음 열어 영동 지방을 중심으로 선종을 확산했다. 이때 기존 교학적 성격의 사찰들을 통합하는 과정에서 때로는 선종의 강한 투영을 위해 진귀조사설을 통한 조사선의 우위를 강조했다.

영동뿐 아니라
영서·영북 지방까지 확장해

　범일의 선교 활동의 지역적 범위는 굴산사를 중심으로 한 영동 지방 뿐만 아니라 강원 영서 지방과 경상도 북부 지역까지 포함한다. 영동 지방의 경우는 강릉 굴산사, 지장산원인 보현사, 신복사, 동해시 삼화사, 삼척시 천은사, 영은사, 양양의 낙산사와 평창의 월정사 등이 대표적이다. 영서 지방의 경우는 춘천의 건자암을 비롯한 홍천 등 영서 지방 일대의 사찰들이 포함되며, 경북 지방의 경우는 울진의 불영사, 석남산사 등이 해당된다.

　현재 동해시에 있는 삼화사도 642년(선덕여왕 12) 범일스님이 이곳에 와서 절을 세우고 삼공이란 현판을 내걸었다고 전한다. 「천은사기적비」에 의하면 '절의 과거를 살펴보니 829년(흥덕왕 4) 중국의 고승 두타삼선이 이 절을 창건하였기에 산 이름도 고승의 이름을 따 지었으며, 범일스님이 당에서 돌아와 굴산사, 금화사, 삼화사 세 절을 창건할 때 이 절을 창건했다'고 적

혀 있다.

삼척 영은사에 보관되어 있는 「영은사설선당중건상량문」에
는 '옛날에 신선이 내려와 절을 창건하였는데 그가 범일국사'라
고 전한다. 양양 낙산사는 일찍이 676년(문무왕 16) 의상조사가
창건한 절인데 786년(원성왕 2) 대부분이 소실되었다. 이를 858
년(헌안왕 2) 범일이 중건했다고 한다. 낙산사 중건에 대한 기록
은 『삼국유사』에 전한다.

　　범일이 당나라에서 유학하고 있을 때 명주 개국사에서
　　왼쪽 귀가 떨어진 한 승려가 여러 승려의 말석에 앉아 있
　　다가 범일에게 말했다.
　　"나도 같은 곳에서 온 사람입니다. 집은 명주와 경계인
　　익령현(현재 양양)의 덕기방에 있습니다. 스님께서 후일 본
　　국에 돌아가시거든 모름지기 제 집을 지어 주십시오."
　　범일은 그러겠다고 약속하고, 많은 승려들이 모여 있는
　　절을 두루 거쳐 염관에게서 불법을 얻고, 847년 신라로
　　돌아와 먼저 굴산사를 세우고(명주도독의 청을 받아 굴산사
　　로 와서) 남선종을 전했다.
　　858년 2월 보름 전에 꿈에 본 승려가 다시 꿈에 나타나
　　창문 밑에 와서 말했다.
　　"전에 명주 개국사에 있을 때 스님께서 언약하여 이미

허락한 바 있거늘 어찌 그리 늦습니까?"

범일은 꿈에서 놀라 깨어 수십 명을 데리고 익령현(현재의 양양)에 가서 꿈속에서 만난 스님이 살았던 곳을 찾았다. 한 여자가 낙산 아래 마을에 살고 있으므로 그 이름을 물으니 덕기라고 했다. 여자에게 한 아들이 있어 나이가 이제 여덟 살이었는데, 항상 마을 남쪽 돌다리 가에 나가 놀고 돌아와 어머니에게 말했다.

"나와 함께 노는 아이 중에 금빛 나는 아이가 있어요."

아이의 어머니가 이 말을 범일에게 전했다. 범일이 놀랍고도 반가워 아이를 데리고 아이가 놀던 다리 밑에 가서 찾으니 물 가운데 돌부처가 있어 꺼내보니 왼쪽 귀가 떨어져 전에 본 승려와 같은 모습의 정취보살 상이었다. 절을 지을 곳을 점쳤더니 낙산이 길하므로 그곳에 불전 3칸을 짓고 그 상을 모셨다고 한다.

－『삼국유사』

이 기록은 범일이 낙산사를 중창했던 사실을 전한다. 그러나 의상대사에 의해 창건된 교종 사찰인 낙산사를 하루아침에 선종 사찰로 바꿀 수 없기에 범일은 꿈에 본 내용을 바탕으로 정취보살을 모심으로써 사굴산문의 영향력을 펼칠 수 있었던 것이다. 이처럼 낙산사를 굴산사의 말사로 아우르면서 범일이 주도하였던 사굴산문은 강원 영북 지역까지 세력을 확고히 할 수 있었다.

낙산사 전경(상단의 가장 우측 건물이 원통보전)

또 제자들의 선교활동을 통해서도 범일의 선학이념을 확인할 수 있다. 평창군 월정사의 경우 643년 자장법사가 짓고 오대산 신앙의 중심지로서의 이곳을 성역화하려 했으나 뜻을 이루지 못했다. 그리하여 범일의 문인인 두타와 신의가 이 산에 와 자장법사가 살던 곳을 찾아 암자를 짓고 살았다. 신의가 죽은 후 절이 황폐해진 것을 수다사 장로 유연이 중창하여 살았다고 하는데 그것이 지금의 월정사이다. 이밖에 강릉시 내곡동에 있는 신복사의 경우도 범일에 의해 건립된 것으로 전해지고 있다.

월정사

선종은 직지인심·심인(교리를 캐거나 모든 계행을 닦지 않고, 바로 사람의 마음을 지도해 부처의 깨달음을 얻게 하는 일) 등으로 표현되는데, 스승과 제자가 직접 부처의 깨달음을 주고받는 것을 강조한다. 이는 임금과 신하, 부모와 자식 간의 종적 질서를 강조하는 사회윤리와 일치한다. 9세기 이후 고승들은 주로 남중국에 유학하여 남종선을 계승했다. 남종선은 당나라 말기에 지방 세력이 등장하는 시기에 유행하였는데, 이 같은 분위기는 유학한 선승들이 귀국하여 신라 말 지방사회에 많은 산사를 형성하게 했다.

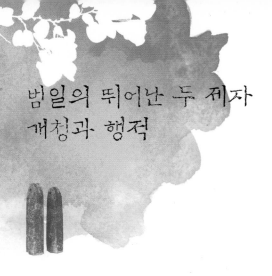

범일의 뛰어난 두 제자
개청과 행적

범일의 선교 활동 덕에 영향력이 확산된 사굴산문은 과연 범일 사후에는 어떤 방향으로 흘러갔을까? 범일 입적 후 그의 제자들은 어떤 방향으로 사굴산문을 계승할 것인지에 대해 많은 고민을 했는데 그 중심에 개청과 행적이라는 두 제자가 있었다.

개청은 성이 김씨이고, 경주의 귀족이었다. 854년(문성왕 16) 태어나 성인이 되어 출가하였으며, 화엄산사 정행에게 도를 듣고, 진주 엄천사에서 계를 받았으며, 금산에서 3년간 나무껍질과 풀뿌리로 연명하며 도를 닦다가 굴산으로 가면 신인이 있다는 한 노인의 말을 듣고 범일국사를 찾았다. 그가 오자 국사는 "오기가 어찌 이리 늦은가. 오랜 시간을 기다렸노라." 하고 그를 맞이했다.

그는 범일 입적 후 보현사에 입주하여 굴산의 종풍을 크게 떨쳐 경애왕의 국사가 되고, 930년(경순왕 4) 나이 96세에 입적

했다. 고려 태조 왕건은 그에게 시호와 탑호를 내려주었다. 그의 문하에 신경·총정·월정·환언·혜여 등 수백 인이 있어 그의 법통을 계승 발전시켰다.

보현사 낭원대사 오진탑비와 부도탑

행적은 경상도 하동 사람으로 성은 최씨였다. 832년(흥덕왕 7) 태어나 일찍이 출가하여 해인사에서 화엄학을 배웠다. 855년(문성왕 17) 복천사에서 계를 받고, 이후 범일국사의 제자가 되었다. 870년(경문왕 10) 당나라로 유학 가서 중국 오대산 화엄사에서 문수를 뵙고 석상경제스님으로부터 깨달음을 얻었다. 이후 884년(헌강왕 10) 귀국하여 춘천 건자암에 머무르며

낭원대사 부도탑 기단과 탑신 부분

설법을 전파하여 크게 확산되었다. 889년(진성왕 3) 범일이 앓아 눕게 되자 급히 굴산으로 돌아와 병을 간호했다. 그는 906년(효공왕 10) 국사가 되었으며 915년(신덕왕 4) 나이 85세로 입적했다. 시호는 낭공, 그의 제자로 신종·주해·임엄·양경 등 수백 인이 있었다.

그런데 범일의 법통은 개청과 행적 두 사람에게 이르러 다른 모습으로 나타났다. 기록으로 보면 범일의 법통을 계승한 것은 개청으로 여겨진다. 그러나 개청은 굴산사에 있지 않고 인근 보현사 주지로 있으면서 범일의 선학 이념을 확산시키는 데 기

여했다. 개청이 굴산사가 아닌 보현사에 머물렀던 까닭은 현재까지 기록과 연구 결과로는 정확히 설명할 수 없다. 다만 보현사에 머물렀던 이유는 그의 단월(후원 세력)인 민규 알찬과의 친분 관계 때문인 것으로 여겨진다. 이것으로 보면 굴산사의 단월과 보현사의 단월이 서로 다른 존재였던 것으로 보인다.

또 행적은 범일이 임종할 때 법통의 계승을 부탁했다고는 하나 실제로 굴산사에 머물지 못하고 춘천 건자암에 머물다가 효공왕의 초빙을 받고 906년 경주로 가서 국사로 책봉되었다. 이후 912년 명요부인의 초빙을 받아 석남산사에 머물렀다. 행적이 굴산사 머물지 못한 것은 영동 지방 내에서 그를 후원해 줄 수 있는 안정적인 단월을 확보하지 못했던 점, 그리고 스승인 범일은 마조도일 계통이었으나 행적은 당나라에서 유학하면서 마조도일 계통이 아닌 석두계 계열의 불법을 배워 귀국하였기 때문에 개청과는 약간의 노선 차이가 있었기 때문인 것으로 보인다. 석두계 승려들은 신라 말 고려 초의 혼란한 시기에 왕건의 적극적인 후원에 힘입어 구산선문을 형성하게 되었다.

이런 일련 변화 과정 속에서 행적은 귀국 후 신라의 국사를 지내기는 하지만 석두계라고 하는 입장에서 보면 정치적으로 왕건과의 관계가 그리 나쁘지 않았을 것으로 추측된다. 이와 반대로 개청은 스승 범일이 계승한 마조도일 계열을 고수하였을 것이고, 912년 경애왕의 초청으로 신라 국사에 임명되었던 사실이 있었던 것으로 보아 정치적으로 반왕건적 성향을 가지고 있었던 것으로 보인다. 이런 관계로 볼 때 행적의 입장에서 영동 지방에서의 활동에 부담으로 작용하였을 것이다.

범일은 사굴산문의 창시한 큰 스님으로 자신의 명성과 선학에 대한 깊은 성찰을 바탕으로 적극적인 선교활동을 펼쳤다. 이런 기운은 제자인 개청과 행적을 통해 영동 지방만 아니라 전국적으로 확산되었고, 고려 후기에 이르러 불교의 중심축이라 할 수 있는 보조국사 지눌이 창시한 조계종으로 이어질 수 있었던 것이다.

범일국사 다례재

03

산문의 빛을 되새긴
조선시대 강릉 사람들

이규대(강릉원주대학교 사학과 교수)

스님들과
함께 살아온 세월

    스님을 모시고 살아 온 세월이 참으로 길다. 너 나 할 것 없이 모두가 스님을 모시고 살았다. 너 나 모두가 불교를 믿고 살았다. 자식의 출생부터 백일과 돌잔치를 스님과 함께 치렀다. 절에서 결혼식을 치렀고, 스님과 함께 환갑을 맞았고, 급기야는 생의 마지막 순간도 스님과 함께 했다. 이렇게 인간의 대사라는 관·혼·상·제를 스님과 함께 한 생활이 참으로 긴 세월이었다.

    범일스님보다 앞선 시기에 강릉 땅에는 자장·원효·의상스님이 다녀갔다. 자장스님은 이곳에 불교를 전했다. 스님은 중국 당나라에서 유학했다. 유학 시절 스님은 꿈속에서 큰 가르침의 계문을 받았고, 꿈에서 깨었을 때 또 한 스님이 와서 그 가르침을 쉽게 설명해주었다. 그리고 '그대의 나라 동북방에 오대산이 있는데, 그곳에 오만진신이 늘 머물러 계신다'는 말을 전해주었다. 오만진신은 여러 부처의 지혜를 맡은 문수보살로 설명되기도 한다.

자장스님은 귀국하여 오대산을 찾았다. 경주로부터 바닷길을 이용하여 이곳 강릉 땅에 왔고, 이곳 사람들의 안내를 받으면서 오대산을 찾았다. 이곳에서 스님은 문수보살에게 차 공양을 했을 것이다. 그리고 이후에도 많은 스님들이 이곳을 찾아 차 공양을 했다. 강릉 땅의 불교문화는 이렇게 시작되었고, 이로부터 오대산은 불교의 성지로 자리 잡았다.

원효와 의상스님은 신라 통일을 전후한 시기에 살다 갔다. 두 스님은 중국으로 유학을 떠나려 했다. 배를 타기 전날 밤을 함께 지냈다. 그날 밤 원효스님은 잠결에 목이 말라 곁에 있던 물을 마셨다. 정말 시원하게 갈증을 해소할 수 있었다. 다음 날 아침에 주변을 살펴보니 해골밖에 없었다. 지난밤에 해골에 담긴 물을 마셨다고 생각하는 순간 갑자기 구역질과 구토에 복통이 이루 말할 수 없었다.

이 무슨 조화인가. 지난밤에는 그렇게도 시원하게 갈증을 해소하였는데, 해골을 보고 난 후에 이렇게 복통이 심하다니! 스님은 여기서 생각했다.

'깨우침이란 밖에서 구하는 것이 아니라 내 마음에서 구하는 것이로다.'

그길로 원효스님은 유학을 포기했고, 의상스님만이 당나라로 유학길에 올랐다고 전한다.

원효와 의상, 두 분 스님도 이곳 강릉 땅을 다녀갔다. 두 분 스님은 양양 낙산사에 관음보살이 계신다는 깨우침을 우리에게

전해주었다. 관음보살은 가끔은 우리에게 친숙한 벼 베는 농부의 모습, 빨래하는 아낙네의 모습, 파랑새의 모습으로도 나타나며, 늘 우리 곁에 함께 하신다고 했다. 그리고 들판에서 밭매는 아낙네와 촌부들에게도 염불하도록 안내해주었다. 스님은 열심히 기도하고 염불하면 좋은 세상에서 살 수 있다고 했다. 또 저쪽 세상에서 많은 공덕을 쌓으면 다시 이쪽 세상에 올 때는 더좋은 세상에 태어날 수 있다고 했다. 이 윤회설에 따라 우리는 성실을 배웠고 양심과 도덕심을 깨달았고, 내 처지에 맞게 분수에 맞추어 살기를 소망했다.

범일스님은 원효와 의상스님의 시대보다 한 세기 반이 지난 시점에 강릉에 왔다. 통일신라 말엽인 9세기 중반이었다. 스님의 가르침은 조금은 다른 듯했다. 무엇보다 이 지방 사람들과 함께 생활을 하겠다고 한 점이 특별했다. 그동안 많은 스님들이 강릉을 다녀간 데 비해 범일스님은 이 지방 사람들과 생사고락을 함께 했다. 이 지방에서 함께

생활하면서 이곳 사람들에게 이 땅의 주인임을 각성시켜주었고, 주인으로서 주인답게 살아가는 삶의 자세와 정신을 가르쳐주었다.

스님도 젊은 날 중국에 유학했다. 유학 중에 중국에서 당시 유행했던 선종을 공부했다. 중국의 많은 선사들을 찾아다니며 깨우침을 얻고자 노력했고, 스님으로서 나아갈 길을 찾고자 수행했다. 이런 면모는 스님으로서 성향을 보여주는 것으로 누구보다 개혁적 성향을 가졌다. 이런 점들은 그분의 행적에서 선명하게 드러난다. 서라벌 중앙에서 활동하기보다는 지방에서 활동하기로 뜻을 굳혔고, 귀족들과 교류하기보다는 힘들게 살아가는 서민들과 함께하기를 좋아했다.

당시 이 지방을 다스렸던 명주도독이 스님을 초청했다. 스님의 성향을 익히 알고 있었기에 비롯된 초청이었을 것이다. 이

것은 삶에 지친 사람들을 위해 스님의 개혁적 성향과 혜안이 요구되었던 당시 강릉의 실정을 보여준다. 스님은 강릉 사람들을 위해 무엇을 하였을까?

아마도 스님은 이 지방 호족들과 지방사회의 안정과 발전을 위해 무던히 노력하였을 것이다. 무엇보다 말기적인 행태를 보여 왔던 중앙 진골귀족들의 부도덕하고 몰염치한 경제적 수탈에 시달려야 했던 이곳 사람들의 힘겨운 생활고를 해결하고자 노력했을 것이다. 그리고 이곳 사람들에게 미래 생활에 대한 비전을 제시하고자 노력했을 것이다.

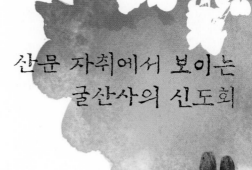

산문 자취에서 보이는
굴산사의 신도회

강릉에는 '미타존불도'라는 향도회가 있었다. 향도회가 무엇인가. 절에 다니는 신도들의 모임을 향도회라 불렀다. 지금의 신도회와 유사한 조직이다. 이 향도회를 강릉에서는 당초 '미타존불도'라 이름하였고, 때로는 수월하게 '미타계'라고 부르기도 했다. 이 자료가 지금 오죽헌시립박물관에 소장되어 있으니, 미타계의 존재는 역사적으로도 엄연한 사실이다.

미타계는 보현사 신도들의 모임이었다. 이 모임의 역사는 신라 말엽까지 거슬러 올라간다고 한다. 참으로 오랜 세월이다. 그동안 불교와 밀접한 삶을 산 강릉 사람들을 실체적으로 보여준다. 또한 강릉 사람들이 불교의 예법과 스님들의 가르침에 따라 이른바 관혼상제를 비롯한 생활 일상을 영위해 왔음을 의미한다.

그런데 여기서 몇 가지 주목할 것이 있다. 먼저 이 미타계가 신라 말엽에 시작되었다는 점이다. 신라 말엽이라고 하면 강릉의 굴산사가 정립되는 시기이다. 굴산사는 범일대사에 의해 창건된 절이다. 이렇게 시기적으로 보면 미타계는 굴산사의 신도회였던 것이다. 이것은 강릉 사람들이 굴산사에 다니면서 열심히 믿음을 키웠음을 의미한다.

다음은 미타계가 보현사의 신도회라는 사실이다. 그런데 보현사는 굴산사와 무관하지 않다. 지금은 보현사라고 부르지만 그 전신은 지장선원이다. 지장선원은 그 이름으로 보면 지장보살을 주존으로 모시는 사찰일 것이다. 지장보살은 억울한 사람, 죽어가는 사람, 나쁜 일에 시달리는 사람들을 구제한다고 하였으니, 당시의 힘겹게 살아가는 강릉 사람들에게 삶의 희망을 주려는 데서 비롯된 것으로 시의성을 가진다고 보겠다.

그런데 이 지장선원은 낭원대사에 의해 건립되었다. 낭원대사는 다름 아닌 범일대사의 제자스님이었다. 이 점에서 굴산사와 지장선원은 별개의 사찰이지만 같은 산문이었던 것으로 이해된다. 굴산사에서 지장선원으로 이어지는 산문의 신도회는 두 개가 아닌 하나였고, 그것이 미타계였다. 이렇게 보면 당시 강릉에는 미타계라는 신도 모임이 있을 뿐, 또 다른 모임은 상정되지 않는다. 이로써 미타계는 신도회이면서 지역공동체적 성격을 가진다고 이해된다.

그럼 미타계라는 향도회의 활동상은 어떤 모습이었을까? 신도들의 모임이기에 부처님전에 머리 숙여 기도하면서 바르게 살아가기를 소망했다. 스님들의 가르침을 통해 불교의 예법을

배웠다. 선행과 공덕을 쌓아야 다음 세상에서 아름답게 태어난
다는 윤회설로 양심과 도덕심을 배웠고 분수에 맞추어 살기를
소망했다. 마음이 부처라는 말씀에서 자존과 자아의식을 키웠
고, 원융을 통해 화목을 배웠다. 부모에 대한 효와 이웃 간의 화
목, 국가에 대한 충성을 이곳 사찰에서 배웠다.

미타계 좌목

미타계 계원들은 절집을 짓고 불탑을 세우고 불상을 조성하
는 역사에 동참했다. 미타계가 지역공동체적 성격을 가진 모임
이라고 보면 이 토목공사에 강릉 사람들 모두가 함께했다고 이

해할 수도 있겠다. 현재의 굴산사지
에는 웅대하기 그지없는 당간지주
가 남아 있다. 그 웅대한 위용이
곧 사찰의 광대한 규모를 시
사한다면 그것은 곧 스님
들의 법력과 함께했을 미
타계 계원들의 불심이 담
겨 있다고 하여도 무방할
것이다.

　　강릉 사람들은 적어도 고려
시절엔 불교의 가르침과 예법에 따
라 살았다. 범일스님에서 낭원스님으
로, 굴산사에서 지장선원으로 이어지는
산문은 곧 나의 산문이요, 우리의 산문이
었다. 산문은 곧 강릉 사람들을 하나로
묶어 내는 구심체였다. 그리고 이 시
기 범일스님과 낭원스님은 강릉 지방
지도 세력이었던 이른바 호족들과 함
께 강릉 지방과 사람들의 생활을 안정
시키고 미래지향적 발전을 위해 고뇌
하였을 것이다.

강릉 사람들은 사굴산문을 바라보면서 이로부터 내 생활이 안정될 것이고, 우리의 살기 좋은 미래가 담보될 것으로 소망하였을 것이다. 그러기에 굴산사의 위용만큼이나 큰 스님들은 대중적·민중적 지지를 얻었다고 볼 수 있다. 지금도 영동 일원의 모든 사찰에서 범일스님이 창건 내지 중창했다는 사실을 앞세우는 데서 큰스님의 법력을 새삼 새겨보게 된다.

조선 초기
탄압받은 미타녜원들

　법난이 무엇인가. 국어사전에서는 불교 교단이나 불교를 믿는 사람들에 대한 박해라고 설명한다. 이런 박해가 실제 상황이었던 시기는 조선 초기이다. 이 시기를 법난의 시대라고 한다.

　조선 초기 불교계에 대한 정부의 탄압은 심각했다. 스님이 되는 길은 봉쇄되었고 사찰은 폐쇄되었다. 신도들의 사찰 출입이 차단되었고 사찰의 재산은 몰수되었다. 실로 법난의 시대라고 할 만큼 불교계는 치명적인 탄압을 받았다. 물론 왕실에서는 불교를 여전히 신봉하였고, 세조 때는 간경도감을 두고 불경을 언해하는 작업이 추진된 것도 사실이다. 그러나 조선 초기 불교계가 국가의 정책적인 탄압으로 심각한 피해를 입은 것은 부정할 수 없는 사실이다.

　조선은 성리학을 건국이념으로 수용했다. 신왕조에서 성리학적 질서와 예법에 따른 안정된 사회를 건설하겠다는 비전을 제시한 것이다. 성리학이 국학의 위치에 놓이면서 그 자리에 있었던 불교는 뒤로 물러서야만 했다. 이 무렵 불교계의 세속화와 사회적 병폐는 개혁의 대상으로 끝없이 내몰렸다. 이로부터 자행된 불교계에 대한 박해는 성리학 사회를 건설하려는 국가정책과 맞물려 있었다.

강릉향교 석전대제

국가 조정에서는 전국 지방도시마다 향교를 건립하고 신유학을 강의했다. 신유학의 예법을 수록한 『주자가례』, 『소학』, 『삼강행실도』 등 서적을 출간하여 전국에 보급했다. 물론 과거를 통해서도 신유학을 수학하도록 유도했다. 신유학을 보급하고 정착시키려는 정책은 『경국대전』이라는 법전에 종합적으로 수록되면서 체제화 되었다. 신유학이 지방사회에 보급되면서 지방민들의 생활일상에서도 점차 변화가 일어났다.

　이런 국가 정책에 직면하여 강릉 지방 미타계원들의 생활 역시 자유로울 수 없었다. 일차적으로 그동안 불교적 예법에 따랐던 관혼상제의 습속은 규제되었다. 뿐만 아니라 무속적 생활 역시 규제 대상이 되었다. 국가 조정에서는 이 모든 것을 유교적 예법에 따르도록 강하게 권장하였고, 불교와 무속적 예법의 대안으로서 『주자가례』와 『소학』이 중요하게 제시되었다. 이 두 책은 유교적 실천예법을 소개하는 것이었고, 이 예법에 따라 관혼상제를 비롯한 습속은 물론 지방사회 공동체적 제사 의례까지 규제했던 것이다.

　이 시기 강릉 사람들의 미타계 역시 활동이 자유로울 수 없었다. 이런 변화를 계원들의 개인적인 생활과 모임의 변화로 구분하여 살펴볼 수 있다. 먼저 개인적 생활의 변화는 관혼상제에서 두드러졌다. 장례에서는 화장법에서 토장제로, 혼례에서는 혼례 후 신부의 집에 가서 살던 남귀여가혼에서 신부를 신랑집으로 데려와 혼례를 올리는 친영제로, 제례에서는 불교식으로 죽은 사람의 명복을 비는 추천제에서 조상의 위패를 모셔놓고 제사를 지내는 가묘제로 바뀌어 가는 대세를 외면할 수 없었다.

　다음으로 미타계 모임에서도 변화가 나타나고 있었다. 미타계는 고려 500년 동안 승계되어 왔다. 그리고 이 지방의 지배계층은 그동안 미타계의 지도자로서 역할을 수행했다. 그런데 국가 조정의 불교계 탄압정책에 직면하여 이 지도자들이 미타계를 외면하기 시작했다. 선비들은 불교를 좌도로 규정하고 계모임의 승계를 포기하는 현상이 나타나고 있었다. 이른바 지도층 인사들이 국가정책에 민감하게 반응하면서 여기에 편승해 가는 양상을 보이고 있었다.

미타계는 이제 해체 위기에 직면해 있었다. 그러나 이런 상황에서도 뜻있는 자들에 의해 면면히 계승되었다. 이들은 지도층 인사가 아닌 일반 서민들이었다. 강릉 지방의 중심세력은 모두 유학 즉 성리학으로 경도되어 갔고, 그들은 이 지방의 사회질서를 유교적 질서로 재편해 갔다. 이 와중에서도 서민들 사회에서는 미타계가 전승되고 있었음을 의미한다.

이런 양상은 국가 정책에도 불구하고 서민들의 생활습속이 급격하게 변화하지 않고 있었음을 의미한다. 불교계의 탄압에도 불구하고 불교의 종교적 기능마저 불식된 것은 아니었고, 관혼상제 역시 하루아침에 유교적 예법으로 전환될 성질의 것은 아니었다. 그만큼 생활습속은 관행적인 성질을 가지고 있었고, 그러기에 유교적 질서가 정립되기까지는 좀 더 긴 시간이 필요했던 것이다.

미타계가 해체되지는 않았다고 하더라도 활동이 예전과 같을 수는 없었다. 미타계 계원들은 신분적으로 서민이었고, 인원수도 많이 줄어든 상태였다. 그러니 불교계가 지속적으로 탄압받는 세태 속에서 미타계 계원들의 활동은 소극적으로 변할 수밖에 없었다. 단지 그동안의 관행에 따라 명맥이 유지될 뿐이었다.

굴산사와 지장선원으로 이어지는 산문의 신도회로서 출발한 미타계, 범일스님과 낭원스님을 추모해 온 미타계. 이제 이 미타계는 국가의 불교계 탄압에 직면하여 예전의 온전한 모습을 유지하기 어려워졌으며, 단지 그 명맥만 유지되는 상황에 놓이게 되었던 것이다.

이에 따라 그동안 범일국사를 주신으로 모셔오던 강릉단오제 역시 변모했던 것으로 보인다. 허균이 그 광경을 지켜봤다고 하는, 대관령산신인 김유신을 모시고 단오제를 지냈던 양상도 이런 사회적 환경에서 비롯된 것으로 보여진다. 고려시대 미타계의 온전한 모습을 염두에 두면 산신을 모시고 지내는 단오제의 모습은 굴절된 모습이라고 하지 않을 수 없다.

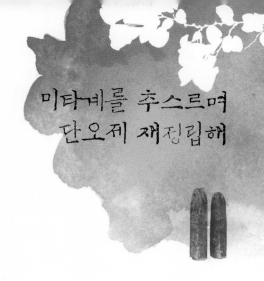

미타계를 추스르며
단오제 재정립해

　세월이 흘러 17세기 말엽에 이르러 강릉 지방에서는 미타계가 중수된다. 유교사회가 진전되면서 미타계는 많은 사람들에게서 잊혀지는 듯했는데, 다시금 아미타 신앙을 숭배하는 미타계가 중수되고 있는 것이다.

　어찌 보면 아이러니한 현상이다. 온전한 유교사회에 들어서야 그동안 박해받았던 불교신앙이 활성화되고 있으니 말이다. '종교'로까지 나아가지 못한 유교사회의 한계에서 비롯된 것이었을까? 아니면 임진왜란을 치르면서 승병들의 눈부신 활약과 그들의 우국충정 앞에서 불교계를 박해하여 온 국가 조정의 명분이 사라진 것일까? 혹은 힘든 생활고에 지친 서민들이 불교에서 안식을 찾으려는 성향이 강해진 것일까?

　미타계가 중수되는 데는 여러 가지 사회적 요인들이 복합적으로 작용하고 있었다. 당시 성행했던 족보와 종법의식에 근거하여 미타계는 이 지방 선인들의 업적으로 평가되었고, 그동안 운영되어 온 세월에 근거하여 미타계는 이 지방의 전통으로 평가되었다. 이런 평가는 관아에서 행정실무를 책임지고 있는 호장 계층에서 이끌어내고 있다. 그리고 이들이 미타계를 중수하는 데 주도적 역할을 하고 있다. 이런 양상은 고려시대 미타계를 이끌어 온 중심세력이 향리들의 수장이었던 호장 계층이었고, 이제 그것을 중수하는 역할을 조선시대 향리들의 수장인 호장 계층이 자임하고 나선 것으로 보인다. 굳이 의미를 찾자면 조선시대 중인 신분으로서 향리들의 사회적 입지가 투영되는

미타계 좌목의 서문

일이었다고 할 것이다.

　미타계가 중수되면서 서민들을 중심으로 신규 계원들이 다수 참여했다. 특히 양반집 아녀자들에 이르기까지 여성계원들이 많다는 특징을 보여준다. 그리고 이제 이들은 보현사에서 각종 집회를 가질 수도 있게 되었다. 돌아가신 가족들의 명복을 비는 추천재도 지낼 수 있게 되었다. 미타계를 이끌어갈 직임도 선발하여 조직도 갖추게 되었다. 이런 양상은 호장 계층이 미타계를 선도하고, 여기에 많은 신도들이 계원으로 참여하여 정기적으로 집회를 가지면서 신불·호불 활동을 펴 나가는 모습이라 하겠다.

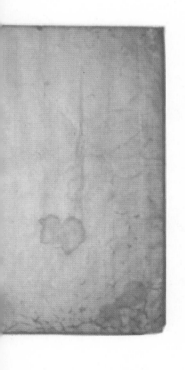

　강릉 지방에서 미타계의 중창을 주목하는 것은 그 옛날의 범일국사를 재인식하는 계기가 마련된다는 점 때문이다. 미타계는 보현사의 신도회였고, 보현사는 굴산사와 지장선원의 맥을 잇는 사찰이다. 그리고 굴산사는 범일국사가 창건하였고, 그의 제자 낭원대사는 지장선원을 창건했다. 이런 사실에서 미타계 계원들이 굴산사와 사굴사문을 창시한 범일국사를 인지하는 것은 자연스러운 일이다. 당초 미타계는 범일국사와 낭원대사로 이어지는 산문의 단월(후원세력)이었던 것이다.

또 하나의 사실이 주목된다. 17세기부터 미타계는 호장 계
층이 선도했다. 여기서 호장 계층이라고 하면 현직 호장과 퇴직
한 안일호장을 함께 아우르는 의미를 가진다. 그리고 이들은 다
름 아닌 강릉단오제를 주관하는 사람들이다. 즉 미타계를 주관
하는 자들과 강릉단오제를 주관하는 자들이 둘이 아니라 하나
라는 의미를 가진다.

미타계를 주도해 온 호
장 계층들의 불교적 성향, 특
히 산문의 종주인 범일국사
에 대한 인식이 강한 이들의
성향이 강릉단오제에 어떻
게 투영되었을까. 이들이 다
름 아닌 강릉단오제를 주관
해 온 담당 계층이었다는 사
실을 염두에 둘 필요가 있다.
그리고 이런 의문은 미타계
를 주목할 때만 가능한 사유
이다. 그동안 강릉단오제에
대한 이해에서 이런 이야기
는 소개된 바가 없다. 이 이
야기는 미타계를 인식할 때

가능해지는 이야기이기 때문이다.

　그러면 강릉단오제는 어떻게 재정립되었을까. 먼저 단오제의 주신이 범일국사로 재정립된다. 조선 전기에 산신을 모신 적이 있었다고 했다. 그런데 조선 후기에는 강릉단오제의 주신이 범일국사로 나타나고 있다. 이런 사실은 범일국사를 재인식하는 데서부터 비롯되었다고 보이며, 이런 인식은 미타계의 중수

대관령국사여성황사 봉안제
대관령에서 모셔온 국사성황신을 합사시킨다.

와 연동되는 강릉단오제의 모습으로 이해될 수 있다.

아울러 미타계가 중수되는 시기와 유사한 시기에 강릉단오제에서는 몇 가지 축제적 요소가 생성된다. 그 하나는 강릉단오제에서 '관노가면극'이 연출된다는 것이다. 관노가 누구인가. 관아에 소속된 노비들이다. 그러기에 이들은 당연히 호장 계층의 지시를 받는다. 이러고 보면 호장 계층은 관노들을 동원하여 연극을 연출한 연출자의 역할이 상정될 수 있다.

다음으로는 단오제 주신의 혼례의식이 거행된다는 점이다. 대관령 성황사에서 모셔 온 국사성황과 읍내에 모셔진 국사여성황의 혼인의례가 연출되고 있다. 국사여성황의 존재를 설정하고, 이어서 혼인의례를 거행하는 사실은 분명 하나의 연출이다. 여기서 주목되는 연출자는 누구였겠는가. 단오제를 주관하는 호장 계층 이외에 누구를 또 상정할 수 있겠는가.

지금까지 조선시대 강릉 사람들의 범일국사에 대한 인식을 화두로 삼아 이야기를 전개해 보았다. 많은 분들에게 조금은 생소한 이야기일 수 있으리라고 생각된다. 그럼에도 이렇게 시도한 것은 미타계라는 자료를 볼 수 있었기 때문이지만, 강릉단오제의 이야기가 보다 다변화되어야 한다는 생각 때문이다. 강릉단오제는 천년의 축제임에도 그동안의 스토리는 정형화되어 침체되어 있다는 생각을 지울 수 없다. 보다 많은 스토리와 새로운 문화콘텐츠의 개발이 요구되어야 할 것이라는 바로 그런 이유에서이다.

04

맑은 바람이 사람을
얼리는구나

최호(율곡교육원 부원장)

'생거학산' 마을의 큰 절 굴산사

우리 역사에 대한 관심이 높아지면서 공부도 하고 여행도 즐길 수 있는 일석이조의 역사기행이 일반인들의 큰 환영을 받고 있다. 우리나라는 전 국토가 박물관이다. 어디를 가든 우리는 쉽게 선조들의 삶의 자취가 남아 있는 문화재를 만날 수 있다. 우리는 역사기행을 통해 전통의 가치를 새삼 깨닫고, 문화유산이 결코 흘러간 역사의 이야기로 머물지 않고 현재의 우리 삶 속에 살아 숨 쉬고 있음을 느끼게 된다. 여행은 발견하고 채우는 것이다. 우리는 여행을 통해 평상시에는 접하지 못했던 새로운 경험과 느낌을 발견하고, 이를 생각의 갈피 속에 하나씩 채워 사유를 깊게 한다.

오늘 우리는 선종구산의 하나인 사굴산파의 굴산사지를 찾아 범일국사의 자취를 살피는 여행을 떠나기로 한다. 미술사학자 유홍준 선생은 『나의 문화유산답사기』에서 '심심산골에 파묻혀 비포장도로 흙먼지를 뒤집어쓰고 달리다가 차에서 내려 다

시 십리길, 오리길을 걸어서야 당도하는 폐사지, 황량한 절터에
는 집채란 오간 데 없고 절집 마당에 비스듬히 박힌 주춧돌들이
쑥대 속에 곤히 잠들어 있고, 덩그러니 석탑 하나가 서 있어 그
옛날의 연륜을 말해주는 폐사지의 고즈넉한 정취야말로 최고의
답사지'라고 폐사지 답사를 격찬한 바 있다. 그러나 굴산사지는
'비포장도로를 흙먼지를 뒤집어쓰고 달릴' 필요도 없이 강릉 시
내에서 자동차로 20여 분이면 도착할 수 있는 구정면 학산리에
위치하고 있다.

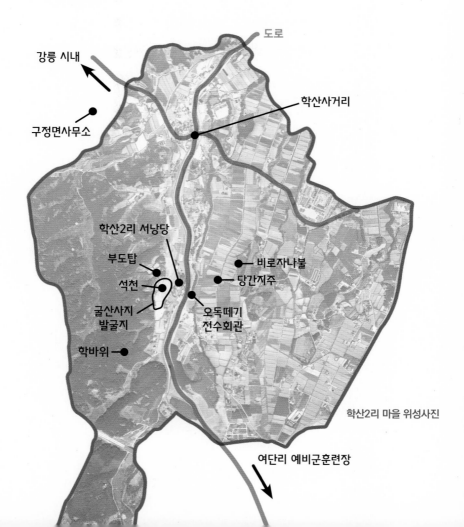

도로

강릉 시내

학산사거리

구정면사무소

학산2리 서낭당

부도탑

비로자나불

석천

당간지주

굴산사지
발굴지

오독떼기
전수회관

학바위

학산2리 마을 위성사진

여단리 예비군훈련장

강릉은 옛것이 살아 숨 쉬는 전통 문화의 고장이자, 어디를 가나 선인들의 향기와 조상들의 숨결을 느낄 수 있는 아름다운 도시이다. 그중에서도 대관령에서 동해로 뻗어 내린 산줄기가 학이 날개를 접듯이 사뿐히 내려앉은 곳, 이곳이 바로 굴산사지가 위치한 학산마을이다. '생거학산'이란 말이 있다. 사람이 생기 있고 평안하게 살 수 있는 곳이 학산이란 뜻이다. 그만큼 살기 좋은 곳이라는 자부심이 이 지역 사람들에게 있었다.

일찍이 이중환은 『택리지』에서 길지의 조건으로 지리, 생리, 인심, 산수 이렇게 네 가지를 들었다. 이중에서 하나라도 결함이 있으면 길지가 아니라고 했다. 그런데 지리는 비록 좋아도 생리가 모자라면 오래 살 수가 없고, 생리는 좋더라도 지리가 나쁘면 이 또한 오래 살 곳이 못 된다. 지리와 생리가 함께 좋으나 인심이 나쁘면 반드시 후회할 일이 있게 되고, 가까운 곳에 소풍할 만한 산수가 없으면 정서를 화창하게 하지 못한다고 했다.

그런 의미에서 학산은 이런 조건에 딱 들어맞는 곳이라 하겠다. 이곳은 들판이 탁 트이고 그 위로 푸른 하늘과 대관령 산줄기가 병풍처럼 드리워져 아늑한 모양을 한 명당 터이다. 빼어난 산수 아래 유연한 물길이 심장처럼 은은하게 흐르고 수구가 잘 아물어져 있다. 또한 학산마을은 기름진 평야에서 생산되는 물산이 풍부하고 바닷가도 가까워 수산물 획득도 편리하다. 그러다 보니 자연히 인심도 순박하다.

굴산사지 당간지주

범일국사가 주지로 있던 굴산사는 바로 이 넓은 들판에 웅장하게 자리를 틀고 앉았던 절이다. 굴산사는 우리나라 선종불교의 중심 사찰로 통일신라 말인 847년(문성왕 9)에 창건되었다. 전해오는 이야기로는 절터가 반경 2km에 이르고 수도하던 승려가 200여 명에 달했다고 한다. 굴산사 스님들의 밥을 짓느라고 쌀을 씻으면 쌀뜨물이 안목 바다에까지 하얗게 이르렀다고 하니 다소 과장된 표현일지라도 이 터의 역사가 그만큼 예사롭지 않았음을 말하는 것이리라. 굴산사의 화려했던 전성기는 기록이 남아 있지 않아 알 수 없지만 이 가람의 규모가 얼마나 컸던가는 들판 한가운데 서 있는 당간지주만 보아도 알 수 있다. 5미터가 넘는 거대한 돌덩이가 마치 땅속에서 불끈 솟아오른 듯 육중한 중량감을 보여주고 있다. 이 당간지주 크기만으로도 굴산사의 규모가 어느 정도였는지를 짐작케 한다.

　　그러나 굴산사가 창건 이후 어떤 변화를 겪었고 언제 폐사되었는지는 전해지지 않고 있다. 간헐적으로 노출되는 유적과 유물들로 굴산사의 존재를 확인하고 있을 뿐이다. 1936년의 대홍수 때 6개의 주춧돌이 드러나고 글씨가 새겨진 명문기와가 발견되었다. 그리고 1974년부터 관동대 박물관에서 10여 년에 걸친 지표조사를 통해서 건물지 주초석, 비편 5점, 명문 기와편 30여 점, 막새류 20여 점 등을 수집했다. 특히나 2002년 영동지방을 강타한 루사 태풍 때는 학산천이 범람하면서 절터의 중심지역이 물길로 바뀌고 토사에 쓸려가 법당지로 추정되는 지역의 주초석이 드러나기도 했다.

범일국사가 40년 동안이나 머물러 선교활동을 하며 제자들을 가르쳤고 그를 따르던 운수납자가 구름처럼 모여들었던 대가람이 지금은 물꼬마다 논물소리 찰랑대는 농토로 변해 있다. 그러나 굴산사의 모습을 상상하게 해주는 유물로 당간지주와 석불, 부도가 있고, 범일국사의 탄생설화가 깃든 석천과 학바위 등은 옛 굴산사의 존재를 말없이 웅변해주고 있다.

2002~2004년 굴산사지 건물터 발굴 사진(강원문화재 연구소)

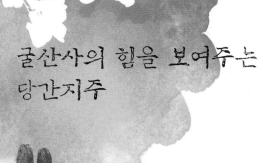

굴산사의 힘을 보여주는 당간지주

굴산사지 여행은 당간지주에서부터 시작하는 것이 좋다. 굴산사지 주차장에서 차를 내려 굴산교를 건너 논길을 걷다보면 거대한 돌기둥 두 개가 눈에 들어온다. 우리나라에서 제일 큰 당간지주인데 멀리서 봐도 그 모습이 압도적이다. 굴산사의 규모를 웅변적으로 보여주는 이 당간지주는 높이가 5.4m나 된다. 논 한가운데 우뚝 서 있는 모습이 우람하고 당당하다. 주변엔 별다른 건축물이 없어서 더욱 도드라져 보인다. 저 멀리 백두대간 능선에도 압도당하지 않고 외려 당당하게 그것을 배경으로 거느릴 만한 모습이다.

무엇보다 마음에 드는 건 당간지주에 아무런 장식도 없고 애초 다듬지도 않았다는 점이다. 그냥 자연 그대로 날것의 상태로 세웠다. 모서리에는 돌을 떼어내기 위한 홈이 일렬로 파여져 있는데 그것조차 그대로 두었다. 아마도 요즘의 기술로 대리석처럼 매끈하게 다듬었다면 이런 힘을 느낄 수는 없으리라. 이것이 바로 제도나 형식에 구애받지 않는 자유로운 선종의 모습이다. 굴산사지 당간지주에는 자신감에서 비롯된 여유가 있다. 거칠고 투박하지만 당당한 크기에서 굴산사의 힘, 강릉의 힘, 선종의 힘이 느껴진다.

당간지주는 사찰의 종파나 품격을 상징하는 깃발을 내거는 당간(장대)을 지탱하는 기둥을 말한다. 일자로 솟은 나무기둥이나 철제기둥을 세워 만든 당간의 꼭대기에는 으레 여의주를 물고 있는 용머리가 장식되어 있고 그 밑에 당번이라고 하는 깃발을 매달았다. 선종사찰에서는 수행 중에 깨달음을 얻는 납자가 나오면 이를 천하에 알리기 위해 당간에 깃발을 올리기도 했다. 수십 리 밖에서도 펄럭이는 깃발의 모습은 이곳이 신성한 구도자의 영토임을 상징해주던 장엄한 풍경이었을 것이다.

굴산사의 당간지주 높이가 5.4m인 걸 생각하면 이 당간지주에 세워졌을 당간의 높이는 얼른 상상이 되지 않는다. 일반적으로 당간이 지주의 서너 배가 된다고 보면 어림잡아도 20~25m의 높이 정도는 되었을 것이다. 하늘을 찌를 듯한 당간 위에서 깃발이 펄럭거렸다면 아마도 수십 리 밖에서도 이 절의 위용을 실감할 수 있었을 것이다.

천년의 세월을 견디며 변함없이
자리를 지키고 있는 굴산사지 당간지주

선과 화엄의 만남
굴산사지 비로자나불

당간지주에서 동남쪽 방향으로 농로를 따라 마을로 들어서면 보호각 안에 작은 좌불상이 모셔져 있다. 얼핏 보면 머리에 보관을 써서 미륵불인가 싶기도 하지만 손 모양을 보면 비로자나불이다. 희미하기는 하지만 왼

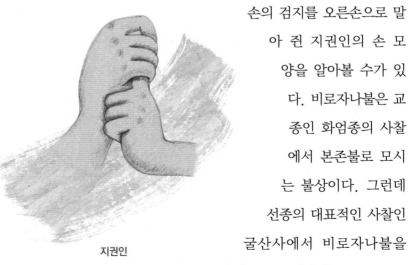

지권인

손의 검지를 오른손으로 말아 쥔 지권인의 손 모양을 알아볼 수가 있다. 비로자나불은 교종인 화엄종의 사찰에서 본존불로 모시는 불상이다. 그런데 선종의 대표적인 사찰인 굴산사에서 비로자나불을 모신 이유는 무엇일까.

    범일은 선종불교를 영동 지역에 정착시키기 위해 당시의 지배사상이었던 교학, 특히 화엄과 치열한 경쟁을 펼쳤다. 그 경쟁에서 범일의 선종이 승리를 거두게 되자 이 지역에서 사굴산문의 영향력은 비약적으로 확대되기에 이른다. 신복사나 월정사, 낙산사 등이 모두 사굴산문으로 흡수된 것이다. 특히 낙산사는 영동 지역을 대표하는 화엄 사찰로서 의미가 큰 곳이었는데, 이곳마저 사굴산문에 흡수되었다는 것은 곧 영동 지역에서 화엄이 선의 영향력 아래에 놓이게 되었다는 것을 의미한다.

굴산사지 비로자나불

그러면 영동 지역 불교계를 장악한 범일은 화엄과 어떤 관계를 유지했을까. 범일은 승자로서 화엄의 흔적을 지우고 선불교의 색채를 강화하기보다는, 화엄의 특성을 인정하고 불교라는 이름으로 선과 화엄의 만남을 도모했다. 선종 사찰에 비로자나불이 모셔져 있다는 것은 곧 선과 화엄의 만남을 의미한다고 볼 수 있다.

특히 범일은 낙산사에서 정취보살을 친견하고 이곳에 세 칸의 불전을 짓고 보살상을 모셨다고 전해진다. 이는 영동 지역에서 범일의 영향력이 확대되었다는 것을 의미할 뿐만 아니라 동시에 선과 화엄이 하나로 통하고 있다는 의미도 담겨 있다. 정취보살은 〈화엄경〉에서 선재동자가 29번째로 만난, 다른 길로 가지 않고 목표를 향해 묵묵히 걸어가듯 수행한다는 선지식으로 등장하는 분이다. 선사로서 화엄종의 보살을 친견하고 모셨다는 것은 곧 선과 화엄의 만남을 의미한다.

보호각에 안치된 비로자나불상은 높이 1.6m, 둘레 2.5m의 비교적 큰 불상이다. 그런데 얼굴 형체가 없다. 마치 대패로 민 것처럼 매끈하다. 일부러 그랬는지 후대에 파손된 건지 모르지만 그래서 더욱 안쓰럽다. 불상의 고개가 앞으로 숙여져 있는데 그 탓인지 머리에 쓴 관모가 너무 무거워 보인다. 그러나 이 관모는 원래의 것이 아니라 정비하는 과정에 그 주위에 방치된 부도의 옥개석을 머리 위에 올려놓은 것이다. 마치 세상의 모든 업을 대신하여 그 무게감으로 머리가 숙여진 듯한 안쓰러움과

애처로움이 느껴진다. 옷 주름도 형편없고 불상의 뒷면도 입체감 없이 매끈하다. 일체의 형식을 무시하고 그저 부처님의 마음만 담았다는 느낌을 갖는다. 그러나 정교하고 완벽한 부처상에서 느끼는 절대자의 근엄함보다 이런 허술함에서 오는 친근함이 더 마음에 와 닿는다. 못나고 불쌍한 사람들에게 마음이 더 가는 이유다.

굴산사지 비로자나불

깨달은 자의 탑
부도

　다시 굴산사지 주차장으로 돌아와 학산리 마을에 들어서면 북쪽 산기슭에는 범일국사의 탄생설화가 담긴 석천이 있고, 뒷동산에는 부도가 있다. 부도는 고승의 사리나 유골을 모신 탑으로 승탑이라고도 한다.

　불교의 역사에서 부도는 위대한 탄생이었다. 교종의 세계에서 고승의 죽음이란 그저 한 개인의 죽음일 따름이었다. 그러나 선종의 세계에서는 '본연의 마음이 곧 부처'이고 그것을 깨달은 사람은 곧 부처와 동격이 된다. 그러므로 깨달음을 얻은 대선사의 죽음은 석가모니의 죽음 못지않은 것이므로 그에 합당한 예우가 필요하다. 따라서 선종이 전래된 이래 각 선문에서는 존경받는 스님들이 입멸하면 그 사리나 유골을 부도에 모셨다.

　굴산사지에 남아 있는 현재의 부도탑은 일제강점기 도굴꾼
에 의해 붕괴되었던 것을 후에 복원한 것이다. 당시 조선고적보

굴산사지 부도탑

존위원회가 조사를 위해 기단석을 들추어 보았더니 기단석 아래 구형의 지하석실이 있고 오백나한을 안치한 흔적이 남아 있었다고 한다.

현재의 부도탑은 탑의 하대석 받침이 지대석과 그 위에 올려진 하대석에 비해서 폭이 급격하게 줄어들었기 때문에 왠지 보기에 불안하고 부자연스러운 느낌을 준다. 이것은 일제강점기 도굴꾼에 의해서 붕괴되었던 것을 그 후에 복원하는 과정에서 원형대로 복원하지 못하였기 때문이다.

팔각원당형의 부도는 사자를 돋을새김한 팔각의 지대석 위에 접시모양의 받침돌을 놓고 그 위에 기단부 아래 받침돌을 놓았는데 모두 소용돌이치는 구름무늬를 장식했다. 가운데 받침돌은 소용돌이치는 구름무늬로 8개의 기둥을 표현하고 그 사이에는 연주하는 천인과 공양상이 입체적으로 조각되어 있다. 기단부 위 받침돌에는 연꽃무늬가 조각되었다. 승탑 몸체부는 팔각의 몸돌과 지붕돌로 되어 있다. 상륜부는 귀꽃이 표현된 보개와 연꽃무늬를 돌린 보두가 남아 있다.

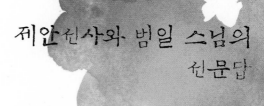

제안선사와 범일 스님의 신문답

이처럼 구산선문의 거대 사찰이었던 굴산사의 중심인물인 범일은 어떤 사람이었을까. 설화에 의하면 범일은 태어날 때부터 보통 사람과는 달랐다. 통일신라가 내리막길을 걷던 1,200년 전 어느 날 이곳 학산의 젊은 처녀가 석천에 물을 길러 갔다. 그녀가 석천의 물을 뜨려고 하는데 표주박에 둥그런 해가 잠겨 있었다. 물을 버리고 다시 떴으나 표주박 속의 해는 여전히 사라지지 않았다. 몇 번을 반복하던 처녀가 바가지의 물을 마시자 그때부터 태기가 있었고, 13개월 만에 사내아이를 낳았다. 처녀의 몸으로 아이를 낳았으므로 집안의 체면을 손상한 일이라 하여 아이를 학바위 밑에 버렸다. 그러나 모성애를 이기지 못한 처녀가 3일 만에 학바위에 가서 보니 학이 날개를 덮어 아이를 감싸고 산짐승들이 아이에게 젖을 먹이고 있었다. 처녀는 예삿일이 아니라 여겨 두려움에 떨면서 아이를 다시 데려와 길렀다. 그리고 해가 담긴 물을 바가지로 떴다고 해서 범일이라 했다.

남당시대 고승의 행적과 어록을 적은 『조당집』에는 범일이 태어날 때부터 나계가 있어 자태가 빼어났으며, 정수리에 구슬이 있어 기이한 모습이었다고 전한다. 나계란 부처님의 상호 중 하나로서 머리카락이 마치 소라처럼 꼬불꼬불 말아 올라간 모습을 가리키는데, 나발이란 이름으로 불리기도 한다.

범일의 가문은 조부가 지금의 강릉인 명주의 도독을 지낸 호족이었다. 외가 역시 문씨로 강릉 지역에 뿌리를 내린 토착호족이었다. 15세에 출가한 그는 수행에 전념하다가 831년 구법의 뜻을 안고 당나라로 들어가게 된다. 그리고 마침내 마조도일의 제자인 제안선사를 만나 인생의 전환점을 맞는다.

범일을 본 제안선사가 물었다.

"어디서 왔는가?"

범일이 대답했다.

"동국에서 왔습니다."

그러자 제안선사가 다시 수로를 통해서 왔는지, 아니면 육로를 통해서 왔는지 묻자 범일은 두 가지 길을 밟지 않고 왔다고 대답한다. 제안선사가 재차 두 길을 밟지 않았다면 어떻게 왔느냐고 묻는다. 범일의 대답은 이랬다.

"해와 달에게 동과 서가 무슨 장애가 되겠습니까?"

제안선사는 물건이 하나 들어왔음을 본능적으로 직감한다. 그래서 범일을 보고 동방의 보살이라고 칭찬을 하자, 범일은 어떻게 해야 부처를 이룰 수 있는지를 묻는다. 제안선사는 자신의 스승인 마조선사로부터 이어받은 진리의 가르침을 먼 나라에서 온 제자에게 전해준다.

"도는 닦을 필요가 없다. 그저 더럽히지 않으면 된다. 부처라는 견해, 보살이라는 견해를 갖지 말라. 평상의 마음이 곧 도이니라."

날마다 쓰는 평상심이 곧 도라는 스승의 가르침에 범일의 마음은 활짝 열린다. 마음을 깨치고 중생에서 부처로 새롭게 태어난 것이다. 그는 6년 동안 스승을 정성껏 모시다가 호남성 랑주의 약산사로 유엄선사를 찾아간다.

유엄선사 역시 범일이 큰 그릇임을 알아보았다.

"무엇하러 왔는가?"

"화상을 찾아 왔습니다."

"여기는 길이 없는데 어떻게 찾아왔는가?"

"화상께서 다시 한 걸음만 나가신다면 저는 화상을 뵙지도 못할 것입니다."

유엄선사는 "대단히 기이하구나. 대단히 기이하구나. 밖에서 들어온 맑은 바람이 사람을 얼리는구나."라고 말했다.

맑은 바람은 바로 범일을 가리킨다. 그 바람이 시원하다 못해 얼마나 차가웠으면 사람을 얼릴 정도로 강력했을까. 범일은 그처럼 뛰어난 근기를 가지고 마음을 깨친 인물이었다.

범일은 그 후 중국의 여러 곳을 다니다가 장안에 들렀다. 그러다가 회창 4년(844) 7월 당나라 무종이 칙령으로 승려를 탄압하고 사찰건물을 철거하며 불교를 박해하는 것을 직접 목도하게 된다. 회창법난이라 일컬어지는 무자비한 불교탄압으로 4,600여 사찰이 파괴되고 칙령으로 환속한 승려만도 26만 명에 이르렀다고 하니 법난의 규모가 어느 정도였는지 짐작할 수 있다.

범일 역시 법난을 피할 수 없어 갖은 고생을 하게 된다. 먹을 것이 없어 떨어진 과일을 주워 먹으면서 배를 채웠고, 흐르는 냇물을 마시면서 목마름을 달래야 했다. 몸은 바짝 마르고 기력이 떨어져 더 이상 걸을 수 없게 된 어느 날 꿈에 이상한 사람이 나타나서 이제는 떠나라고 말한다. 그러나 그에게는 걸을 힘조차 남아 있지 않았다. 생사의 기로에서 범일을 구한 것은 다름 아닌 산짐승들이었다. 그들은 떡과 먹을 것을 물어다가 범일에게 가져다주었다. 기운을 차린 범일은 소주에 가서 육조 혜능의 탑에 참배한다. 그는 자신의 정신적 스승인 혜능을 마음으로 느끼고 나서야 비로소 돌아올 결심을 하게 된다. 범일이 고국으로 돌아온 해는 847년이다. 고향을 떠난 지 16년 만의 일이다.

세 명의 왕이 국사로 불렀으나 굴산사에 남아

범일은 귀국한 후 4년 동안 경주와 충청도에 있는 백달산에 머물다가 41세가 되던 해인 851년에 명주도독의 청으로 굴산사로 옮겨왔다. 당시 경문왕·헌강왕·정강왕이 차례로 그를 국사로 모시려 하였으나 모두 거절하고 굴산사에 머물며 사굴산문을 창시했다. 그리고 비슷한 시기에 앞서거니 뒤서거니 하며 중국에서 선불교를 공부하고 돌아온 홍척과 혜철스님 등 선승들이 전국에 9개의 이름 있는 선종사찰을 세워 이른바 구산선문의 시대가 시작되었다.

범일이 활동하던 통일신라 말기는 정치적 변혁과 함께 종교와 사상에서 혁신적인 기운이 싹트던 때였다. 당시 신라의 중앙정치는 매우 혼란스러웠다. 범일이 태어나기 30년 전에 궁중반란으로 혜공왕이 시해되고, 그 뒤를 이어 왕위에 오른 선덕왕마저 5년 만에 세상을 떠나자 상대등 김경신이 왕위계승자로 정해진 김주원을 밀어내고 즉위하여 원성왕이 되었다. 태종무열왕의

6세손인 김주원은 왕위 계승전에서 밀려난 후 강릉으로 이주하여 명주군왕으로 책봉되었다. 그리고 그의 아들 김헌창과 손자 김범문이 차례로 조정에 대항하다 모두 진압되고 무열왕계는 신라의 중앙정계에서 완전히 세력을 잃게 되었다.

한편 중앙집권체제가 붕괴되면서 지방 호족들은 정치·경제·군사적으로 독자성을 갖고 움직이기 시작했다. 이런 지방세력의 부상은 곧 왕권에 대한 도전이었고, 중앙정부의 수탈에 맞서 민중들의 자위적인 노력이 싹트기 시작했다. 호족을 중심으로 각 지방마다 새로운 정치권력을 꿈꾸던 세력들이 출사표를 던졌다. 이들에게 정치적 이념과 사상을 제공한 것이 새로 유입된 선종불교였다.

오랫동안 신라를 지배해 온 교종불교는 귀족들의 전유물이 되었고 백성들의 삶과 기대로부터 멀어져갔다. 경전 공부와 계율을 중시하는 교종의 교리는 일반 백성들로서는 배우기도 어렵고 지키기도 힘들었다. 그러자 공부보다는 마음 수행을 중시하는 선종이 그 틈을 메우면서 민중들로부터 큰 호응을 받았다. 사람의 마음이 곧 부처의 마음이고 누구든지 마음을 닦아 부처가 될 수 있다는 선종의 교리는 못 배우고 배고픈 백성들 사이에 폭넓은 지지세를 형성했다.

영동 지역은 원래 선종의 발상지였다. 이 땅에 선종을 가장 먼저 들여온 이는 도의선사였다. 『조당집』에 의하면 도의의 성은 왕씨이고 호는 원적이며 북한군北漢郡 출신이다. 선덕왕 5년

(784)에 당나라에 건너가 강서 홍주의 개원사에서 서당지장에게 불법을 이어받고 도의라고 개명하여 헌덕왕 13년(821)에 귀국했다. 무려 37년간의 유학이었다.

도의가 당나라에서 익힌 불법은 남종선이었다. 당나라의 선종은 달마대사로부터 시작되었고, 6대조에 와서 북종선과 남종선으로 나누어졌다. 남종선은 조계혜능부터 다시 시작된다. 달마대사가 '편안한 마음으로 벽을 바라보면서(안심관벽)' 깨달음을 구했던 것이 혜능에 와서는 '문자에 입각하지 않으며, 경전의 가르침 외에 따로 전하는 것이 있으니, 사람의 마음을 직접 가리켜, 본연의 품성을 보고, 부처가 된다.(불립문자 교외별전 직지인심 견성성불)'라고 주장하기에 이르렀다.

6대조 혜능의 뒤를 이어 8대조인 마조도일(709~788)에 이르면 여기서 더 나아가 '타고난 마음이 곧 부처(자심즉불)'임을 외치게 되는데, 이 외침은 곧 마조선사가 있던 지명을 딴 홍주종의 진면목이라 할 만한 것이었다. 마조의 뒤를 이은 9대조가 서당지장이니, 도의선사는 바로 그 서당의 홍주종을 익히고 고국으로 돌아온 것이다.

서라벌에 돌아온 도의선사는 스스로 익힌 홍주종을 설파했다. 경전해석이나 일삼고 염불을 외우는 일보다 본연의 마음을 아는 것이 중요하다고 강조한 것이다. 이것은 당시로서는 엄청난 변혁사상이며, 인간의 평등과 인간성의 고양을 부르짖는 진보적 세계관의 표현이었다.

진전사지 도의선사 부도탑

그러나 도의선사의 이 야심찬 설법은 이미 교종이 장악한 서라벌에서는 모두의 배척을 받고 자의반 타의반으로 떠나게 된다. 불경공부가 아닌 참선만으로 깨달음을 얻을 수 있다는 선종의 주장은 기득권을 가진 이들에게는 혁신이 아닌 '사탄의 소리'로 들렸을 것이다. 그동안 자신들이 평생을 두고 공부했던 지식들은 다 어쩌라고 못 배운 사람들도 누구나 깨달음을 얻어 부처가 될 수 있다는 주장을 한단 말인가. 최치원은 이를 두고 '마귀의 소리'라고 배척당했다고 그의 사산비문에서 표현하고 있다.

서라벌에서 어쩔 수 없이 쫓겨 나와 강릉을 지나 멀고 먼 양양군 강현면 둔전리의 산속까지 들어오게 된 도의선사의 심정이 어땠을까. 그러나 불과 얼마 지나지 않아 도의와 마찬가지

주장을 펴는 후배들이 많아지면서 선종의 사상은 일반 백성과 호족 뿐 아니라 신라 왕실과도 돈독한 관계를 유지하게 되어 국사를 배출하기도 하고 구산선문으로 널리 자리 잡게 된다. 세상에 외면당한 그의 선사상은 사후 그의 제자들을 통해 바람처럼 세상으로 퍼지게 되니 헛된 도피행각은 아니었던 셈이다. 도의는 시대를 앞선 최초의 선각자로서 환영을 받지 못해 이곳 진전사 골짜기로 들어올 수밖에 없었으나 후일 그의 제자들에 의해 조계종의 종조의 위치로까지 격상되었으니 역시 사람 일은 알다가도 모를 일이다.

범일의 굴산사 역시 강릉에서 백성들의 든든한 의지처가 되었고 사세도 크게 불어났다. 범일은 굴산사에서 40여 년간 선의 정신을 전하는 데 온 힘을 기울였다. 그리하여 그의 문하에는 개청과 행적, 신의를 비롯하여 많은 문도가 있었다. 영동 지역에는 범일의 행적이 미치지 않은 곳이 없을 만큼 그 영향력이 대단했다. 평창의 월정사, 삼척의 삼화사, 강릉의 신복사 등을 비롯하여 의상대사가 창건한 양양의 낙산사도 사굴산문의 영향력 아래 있었다. 범일이라는 맑은 바람이 영동 지역 전체에 불어오고 있었던 것이다.

범일은 죽어서도 강릉을 지켜주는 영원한 수호신으로 부활했다. 매년 단오에 거행되는 강릉단오제에서 범일은 대관령국사성황신으로 단오제의 주신이 되었다. 범일국사가 영동 사람들에게 수호신으로 숭배되고 있는 것은 무엇을 의미하는가. 그것은 어쩌면 살아생전부터 그가 이곳 사람들의 우상이었음을 말해주는 것은 아닐까. 대관령 신앙의 물줄기를 거슬러 올라가면서 우리는 천년이라는 시간을 훌쩍 뛰어넘어 그 당시 명주 고을에서 일어났던 거대했던 역사의 숨소리를 호흡하게 된다.

범일국사가 창건한 사굴산파의 굴산사는 신라 말기 중앙집권체제가 붕괴되면서 시작되었던 혼란한 시기에 영동 지방의 새로운 리더였던 호족세력과 지식인 승려, 민중들의 염원이 한데 어우러져 역사의 구심점이 되었던 곳이다. 따라서 그들의 정신적 지도자였던 범일국사가 이곳 사람들에게 폭넓은 지지와 존경을 받았을 것은 당연한 일이다. 그 후광을 업고 범일국사는 죽은 후에도 영동 사람들의 마음속에서 사라지지 않고 수호신의 존재로까지 추앙된 것이다.

『삼국유사』에는 불교서적을 편찬할 때 원효나 의상보다 범일의 사적을 우선했다는 기록이 나온다. 범일이 당시 불교계에서 어떤 평가를 받고 있었는지 짐작할 수 있는 대목이다. 적어도 영동 지역에서 범일은 원효나 의상보다도 더 높은 평가를 받고 있었다고 할 수 있다. 오늘날 강릉단오제의 주신으로 추앙되는 것이 결코 우연이 아니었던 것이다. 범일국사는 선이라는 맑은 바람으로 영동 지역 전체를 얼린 인물이다. 그 맑고 차가운 바람은 우리의 마음속에 가득했던 번뇌와 망상까지도 시원하게 날려 줄만큼 강력한 것이었다.

범일국사는 810년 정월 지금의 강릉시 구정면 학산리에서 출생하셨습니다. 15세에 출가하여 입산수도 후 20세에 이르러 경주에서 구족계를 받으셨습니다. 이후 당나라에서 유학 후 귀국 백달산에서 정진하던 중 851년, 41세에 굴산사로 오시게 되었습니다. 이때부터 범일국사는 이를 통해 선종불교를 전파하고 제자를 양성하는 데 힘을 쏟은 결과 신라 구산선문의 하나인 사굴산문을 개창하시게 되었습니다.

범일국사는 수차례에 걸친 국사의 청을 거절하시고 평생 굴산사를 지키며 선종 확산에 크게 기여 훗날 조계종 성립의 밑거름을 일구셨습니다. 국사께서는 889년 향년 79세로 굴산사에서 입적하셨는데 입적 후에는 고려와 조선 그리고 현대에 이르는 역사 속에서 강원 영동 지역을 수호하는 대관령국사성황신으로 모셔져 추앙받고 있습니다.

이처럼 한국 불교의 큰 스승으로, 입적 후에는 지역의 수호신으로 오늘날까지 모셔지고 있는 범일국사!

대체 어떻게 한 인물이 1200년이라는 긴 시간이 무색할 만큼 우리 가까이 존재할 수 있을까 한번쯤 궁금하지 않을 수 없습니다.

『스님, 대관령 신이 되다』는 이처럼 누구나 한번쯤 가져봄 직한 범일국사에 대한 궁금증을 풀어보자는 의도에서 출발하였습니다. 역사, 민속, 고고학, 문화콘텐츠 등 여러 분야의 전문가 분야별로 범일국사의 이야기를 쉽게 풀어냄으로써, 범일국사의 생애와 존재가치 그리고 그의 역사적 변천 과정을 이해할 수 있는 그런 책을 만들어보았습니다.

부디 이 책을 통해 그동안 잘 알지 못했던 범일국사에 대한 이해와 문화의 흐름을 이해하는 계기가 되길 기원합니다.

05

물바가지에 비친 해로
태어나 스님이 된 아이

김기설(강릉민속문화연구소장)

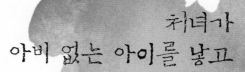

처녀가 아비 없는 아이를 낳고

    강릉 지역에 전해져오는 마을신화는 대관령국사성황이 되는 범일국사 설화, 대관령국사여성황이 되는 정씨집 여인의 설화, 안인진리성황 신화, 안인진리 해령사 신화, 강문성황당 신화, 주문진 진이성황당 신화 등이 있다. 이 설화의 주인공들은 하나같이 죽은 다음에 신이 되어 마을을 수호해 주고 있다. 우리가 살펴볼 범일설화도 그중의 하나이다.

    신화는 씨족이나 민족의 형성과 함께 발생하여 민족이나 국가의 발전과 함께 윤색되고 조화되어 왔다. 우리나라의 신화가 외국의 신화와 다른 점은 우리나라의 신화는 초월적이고 영원성을 가지고 있다기보다는 운명과 시련을 극복해 신성성의 경지에 이르는 경우가 많다는 것이다. 우리나라 신화의 특징은 모진 환경을 적극적인 의지로 극복하거나 타개해 나가는 것이 아니라 소극적인 자세에서 운명적으로 문제를 해결해 나간다. 그러면서 여기에 신이한 현상이 함께 나타난다.

그중 범일설화는 강릉 고을의 마을신화 가운데 가장 대표적인 것으로 여러 문헌에 수록되어 있으며 오랜 세월동안 지역민들에 의해 전해지며 관심과 사랑을 받아왔다.

음력 5월 5일 단오 때 강릉에서는 신을 모시고 단오제를 지낸다. 이때 모시는 주신이 바로 대관령국사성황이다. 국사성황은 생전에 스님이었는데, 이가 바로 신라 후기의 고승 범일국사이다. 범일국사는 승려로 입적한 다음 강릉 지역 민중들에 의해 대관령국사성황이 되어 강릉단오제의 주신으로 모셔지고 있다. 범일국사는 강릉 구정면 학산에서 태어났다. 그의 출생에 관한 설화는 앞선 글에서도 이미 보았겠지만 설화를 통해 범일대사를 보아야 하니 한 번 더 소개하려 한다.

옛적 어느 양가의 처녀가 굴산(지금 강릉시 구정면 학산)에 살고 있었다. 나이가 들어 시집갈 때가 지났는데도 마땅한 혼처가 없어 노처녀로 지내고 있었다.

하루는 아침에 처녀가 동네 우물(석천)에 물을 길러 갔다가 표주박에 햇빛이 유난스럽게 비쳐 오는지라 아무 생각 없이 그 물을 떠 마셨다. 그런 후 날이 갈수록 몸이 달라지더니 열네 달 만에 뜻밖에도 옥동자를 낳게 되었다. 처녀의 몸으로 아이를 낳은 자신은 물론 부모들 역시 몹시 놀랍고 부끄러운 일이었다. 처녀는 집안을 그르칠 변고로 여겨 아이를 포대기에 싸서 몰래 바위 밑에 내다

버린다.

 죄 없는 아이를 내다버린 어미의 마음이 편할 리 없었다. 사흘 째 되던 날 어미는 아이가 어떻게 되었는지 걱정이 되어 아무도 몰래 바위가 있는 곳에 가 보았다. 사흘이면 죽어 있어야 할 아이가 포대기에 싸인 채 그냥 잠을 자고 있는 게 아닌가. 놀란 어미는 하룻밤을 새워가면서 어린 아이의 둘레를 살펴보았다.

 차가운 눈 속에서 밤을 새우며 기다리는데 밤이 이슥해지자 어디선가 학이 날아와 날개로 아이를 덮어주며 잠을 재워주고는 새벽이 되자 붉은 열매 세 알을 아이의 입에 넣어주고 어디론지 사라졌다.

 이런 신비스런 모습을 본 아이 어머니는 어안이 벙벙해 그대로 돌아왔다가 다음 날 다시 나가 보았다. 매일 밤 학의 보호 속에 아이는 죽지 않고 잘 자라고 있었다. 아이 어머니는 이런 사실을 부모에게 알렸다. 부모들도 학의 보호 아래 아이가 죽지 않고 살아있는 모습을 보고 이 아이는 자라서 반드시 범상치 않은 인물이 될 것이라고 여겨 다시 집으로 데려와 기르기로 했다. 아이는 자라면서 종종 이웃으로부터 아비 없는 자식이란 조롱을 받기도 했다.

 일곱 살이 되던 어느 날 아이는 어머니에게 물었다.

 "저의 아버지는 누구입니까?"

　어린 아들이 그렇게 묻자 어머니는 아이를 처음 가질 때 석천에 물을 길러 갔던 일을 사실대로 말해주었다. 아이는 이 말을 듣고 어머니에게 절을 올리며 말했다.

　"저는 이제까지 아비 없는 자식이란 놀림을 늘 받고 자랐습니다. 더 이상 이곳에서는 제가 큰 인물로 제대로 자랄 수 없습니다. 지금 떠나지만 아주 안 돌아오는 것도 아닙니다. 저는 반드시 저를 낳아주신 어머니를 위해 큰 사람이 되어 돌아올 것입니다. 제가 돌아올 때까지 어머니는 근심 마시고, 또 나를 찾지도 말아 주십시오."

　아이는 그 길로 집을 떠나 경주로 갔다.

　세월이 흘러 어머니는 늙었다. 아이는 불교가 국교인 나라에서 국사라는 불가의 최고 직위를 가지고 고향에 돌아와 다시 어머니를 극진히 봉양했다. 한편 자신이 태어난 고장에 굴산사라는 절을 지었다. 후일 사람들은 학이 아이를 보호하고 기른 바위를 학바위라고 불렀다. 이 설화의 주인공이 바로 강릉단오제의 주신이 되는 범일국사이다.

　범일梵日이란 해가 떠 있는 바가지의 물을 마신 데서 연유한 이름이다. 범일국사가 강릉에 살 때 마침 왜구의 침략이 있었다. 모두 어쩔 줄 모를 때 국사가 대관령에 올라가 술법을 쓰니 산천의 초목들이 모두 군사로 변하는지라 왜구들이 감히 접근하지 못하고 그대로 도망가 버렸다고 한다.

　이같이 강릉을 수호한 범일국사는 죽어서 대관령의 성황신이 되었다. 그가 창건한 굴산사가 한창 융성했을 때는 승려가 200명이 넘었다고 한다.

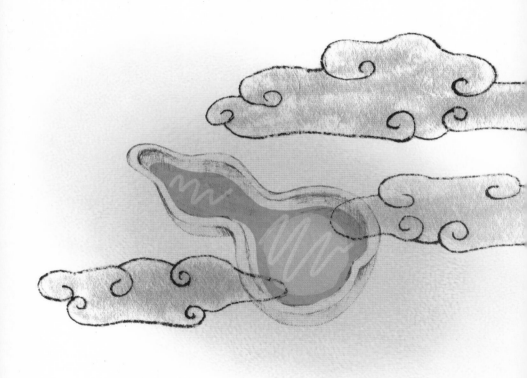

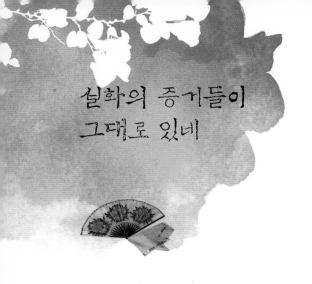

실화의 증거들이 그대로 있네

범일설화가 마을신화로 인정되는 것은 범일이 이 지방 출신의 인물이라는 사실과 출생한 곳에 구체적인 증거물들이 남아 있기 때문이다.

석천

석천은 돌로 쌓은 우물을 말한다. 이 우물은 구정면 학산리 재궁골 밭 한가운데에 있다. 학산에 사는 처녀가 새벽에 석천에 물을 뜨러갔다가 햇빛이 비친 물을 마심으로써 아이를 잉태를 했다. 이 우물은 지금도 그 자리에 있다. 2002년 9월까지는 원형에 가깝게 보존되었지만 2002년 루사 태풍 때 홍수에 휩쓸려 없어진 것을 그 자리에 복원해 놓았다. 새로 돌을 쌓느라 모습은 다소 달라져도 예전 그 자리에 그대로 설화 속의 우물이 보존되어 있는 것이다.

예부터 촌락사회에서 우물은 동네사람들이 공동으로 마시

는 샘물이자 우물터 역시 마을의 아주 중요한 공적 공간이다. 낮에는 이곳에 모여 빨래를 하는 공간이 되기도 하고, 이곳에서 이웃 사람들끼리 서로 정보를 교환한다. 그러니 우물은 한 마을의 정보의 터전이라 할 수 있다. 또 며느리들끼리는 시집살이의 어려움을 토로하고 하소연하는 푸념의 공간이기도 하고 서로를 위로하고 격려하며 같은 처지의 사람들끼리 의지하는 위로의 공간이기도 하다.

학바위

어린 범일이 버려진 곳이 학바위이다. 학바위는 구정면 학산리 재궁골 뒷산 중턱에 있다. 마을에서 그리 멀리 떨어지지 않은 곳이다. 범일국사의 탄생설화를 미리 알고 보아서인지 아

학바위

니면 한적한 숲속에 자리 잡은 바위의 모습이 웅장해서인지 첫
눈에 어떤 위엄이 느껴진다. 이 바위에서 어린 범일은 학의 보
호를 받고 생명을 유지했다. 그런 설화와 유래가 서려있는 바위
이기 때문에 지금도 관심 있는 사람들이 일부러 바위를 둘러보
러 온다.

　바위는 나무와 달리 생명력이 없지만 고대인들은 바위를 영
험한 존재로 여겨 숭배했다. 이런 암석숭배사상은 초자연적인
힘을 가진 정령이 바위에 깃들어 있다고 믿기 때문에 생긴 것이
다. 또 바위에는 그 산의 영기가 응결되어 있기 때문에 전체에
서도 가장 신성한 신의 장소로 생각했다.

학산

범일이 태어난 구정면 학산리는 예부터 학이 많이 날아와서 생긴 이름이다. 마을의 나이 든 주민들의 말에 따르면 해방 전후까지도 학이 많이 살았다고 한다. 그러다 6·25 전쟁 때 잠시 사라졌다가 다시 나타났으나 이곳에 군부대가 들어서면서부터 자취를 감추었다고 한다.

우리나라 풍수를 이르는 말에 '살아서는 진천 죽어서는 용인'이란 말이 있다. 이와 비슷한 말로 강릉의 어른들은 예부터 '살아서는 모학산이요 죽어서는 성산'이라는 말을 자주 한다. 이 말은 대관령 동쪽 강릉에서 사람이 살기에는 모산과 학산이 가장 좋고, 죽어서는 성산주령의 명당에 묻히는 것이 좋다는 뜻이다.

이런 지방 속담 같은 말은 그냥 생긴 것이 아니다. 학산은 칠성산에서 내려온 산줄기에 둘러싸여 멀리 외관으로도 마을 모습이 아늑하고, 마을 가운데로 내가 흐르고 넓은 들을 끼고 있어 예부터 사람들이 살기 좋은 고을로 꼽혀왔다. 범일국사의 탄생설화가 말하듯 학산은 사람 살기만 좋은 곳이 아니라 예부터 인재들도 많이 났다.

신라 때 스님이
임진왜란 때 왜군도 물리쳐

범일의 설화는 크게 출생과정과 출가 이후 고승으로서의 완성과정으로 나뉜다. 전반부인 출생과정은 신화적이고 영적인 요소가 다분하다. 후반부인 출가 이후의 승려생활은 민담적인 요소가 많이 가미되었다.

신화적 요소가 담긴 범일의 출생과정을 보면 잉태는 햇빛과 물에 의해서 이뤄졌고, 임신기간은 14달이다. 신분은 평범한 집안 출신이고, 가족들의 반응은 부정에서 긍정으로 바뀌었고, 주위에서는 재주 있는 아이에 대해 시기와 모멸의 감정을 보인다. 성장해서는 출가하여 승려가 되고, 불문으로 쌓은 법력이 비범해 왜구가 쳐들어왔을 때 술수로 이를 물리친다. 직위는 불가의 최고지위인 국사이고 사후에는 성황신이 되었다.

범일은 이렇듯 수태과정, 태내기간, 출생과정, 성장과정, 사후과정이 보통 사람들과는 다르다. 사람은 남녀의 교

접으로 수태되어 어머니의 몸속에서 열 달 정도 있다가 태어나고, 부모의 보호를 받으며 자라고 성장해 활동하다가 세상을 떠난다. 그런데 범일의 일생은 수태과정부터 보통 사람들과는 다르다. 그는 분명 통일신라시대 역사 속의 실존인물이지만 설화 속의 출생 과정은 너무나 신기하고 이상하다. 후일 그를 받드는 이 지역 민중들이 평범한 사람으로서는 도저히 생각할 수 없는 신화와도 같은 탄생설화를 그의 출생에 입힌 것이다.

강릉의 솔숲

설화 속의 범일은 태어나자마자 바위 밑에 버려졌다. 그것도 어머니에 의해 버려졌다. 신생아를 버릴 수밖에 없는 모정상실은 처녀가 아비 없이 아이를 낳았기 때문이다. 정식 혼례를 치르지 않고 아이를 낳은 것이 당시 사회의 윤리적 환경에 어긋나기 때문이다. 범일은 이런 부정적인 바탕의 출생을 후일 국가 최고직위의 승려인 국사가 됨으로써 뒤집는다.

민담적인 요소가 담긴 후반부에서는 주위의 냉대로 번민하다 출가한다. 승려가 되어 당나라에 가서 불법을 공부하고 귀국해 충청도 백달사에서 법문에 매진하다가 명주도독의 초청으로 굴산사에 왔다. 능력이 비범해 강릉 지역에 왜병이 쳐들어왔을 때, 범일은 술법을 써서 왜병을 크게 물리쳤다. 산천의 초목들을 군사로 변하게 하는 술법을 쓰니 왜구들이 기겁을 하고 도망을 갔다. 이렇게 술법의 구체적인 방법이 전하는 것은 그를 받드는 민중들이 범일을 초월적, 초자연적인 능력을 가진 사람으로 여겼기 때문이다.

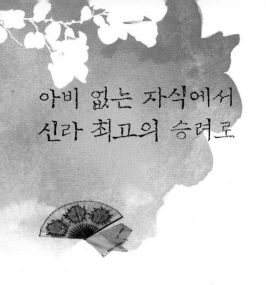

아비 없는 자식에서 신라 최고의 승려로

범일을 범일泛日, 혹은 품일品日이라고도 하는데, 범일梵日은 법명이고, 범일泛日은 '표주박에 햇빛이 비친 물'을 떴다고 해서 어릴 때부터 쓰던 이름이다. 범일은 실존인물로 신라 제41대 헌덕왕 2년(810)에 태어나 제51대 진성여왕 2년(889)에 입적한 승려이다.

기록에 따르면 명주의 굴산(현 강릉시 구정면 학산리)에서 태어났고, 시호는 통효, 경주에 오랜 뿌리를 두어온 김씨 집안이다. 할아버지의 이름은 김술원, 명주도독 겸 평찰을 지낸 강릉지방의 관리였고, 어머니는 문씨이다. 어머니의 집안은 강릉 지방에서 여러 대를 걸쳐 살아온 지방토호였다.

범일은 탄생과정의 신이한 점 때문에 주위로부터 냉대를 받아 번민하였고, 그것이 계기가 되어 출가한다. 설화에는 7살 부모 곁을 떠나 집을 나섰다고 하지만 14살 때 출가해 20살에 서라벌에 가서 구족계를 받았다. 그 후 왕자인 김의종과 함께 당나라에 가서 염관 제안선사에게 법을 전수받고, 6년 동안 제안 선사 밑에서 수련하다가 유엄선사와 교유했다. 이어 중국 각처를 돌아다니며 수도하던 중 회창 4년(844) 당나라 무종이 칙령으로 승려를 탄압하고 사찰건물의 철거하며 불교를 박해하자 난을 피해 상산에 숨어 있다가 나중에 소주에 가서 육조 혜능의 탑에 참배했다.

그리고 3년 후인 847년 다시 신라로 돌아와 서라벌을 중심으로 수도하다가 문성왕 13년(851) 정월에 충청남도 대덕군 백달산에 있는 백달사로 왔다. 범일은 이곳에서 좌선하고 있다가 당시 명주도독의 초청을 받고 명주로 왔다. 이때 범일은 명주에 떠돌다 그냥 온 것이 아니라 명주도독의 공식적인 초청을 받아 산사에 온 것이다. 명주는 그의 조부가 명주도독 겸 평찰을 지낸 곳이자 자신이 태어난 출생지이며, 어머니의 집안인 외가가 있는 곳이다. 명주도독은 향리인물인 범일을 초빙해 주민들의 영혼을 위로해 주고, 불력을 통해 민중들의 이상을 실현되도록 하고자 하였던 것이다.

굴산사는 신라 말경 구산선문의 하나로 사굴산문의 으뜸 사찰이었다. 범일은 굴산사에 와서 5교 9산 가운데 하나인 사굴산파를 창시하고, 40여 년간 법문에 매진하던 중 명성이 서라벌까지 알려졌다. 그는 서라벌에서 경문왕, 헌강왕, 정강왕 등 세 왕으로부터 국사가 되어주길 권유받았으나 이에 응하지 않고 굴산사에 머물면서 법문에 정진하다가 나이 80세, 승려가 된 지

60년 만에 입적했다. 국사란 덕행이 높고, 국가나 임금의 사표가 되는 고승에게 임금이 내린 최고의 승직이다.

『고려사』에 의하면 범일국사가 826년에 당나라 염전에 가서 불법을 득해 847년에 고향인 학산에 와서 굴산사를 창건 포교했다고 기록되어 있다. 굴산사는 신라 때의 사찰로 지금은 구정면 학산리에 그 터만 남아 있다. 그 터에 보물 제86호인 굴산사지당간지주와 보물 제85호인 굴산사지 부도탑을 비롯해 석불, 초석 등 많은 유물이 전하며, 현재 굴산사터를 발굴하고 있다.

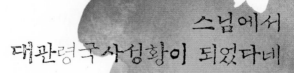

스님에서 대관령국사성황이 되었다네

　건국신화의 주인공은 대체로 어려운 고난을 이겨낸 다음 왕위에 오르고, 마을신화의 주인공은 죽은 다음 신으로 승격되는 경향이 있다. 강릉의 마을신화인 범일설화에서도 범일은 죽은 다음 대관령국사성황이 된다. 강릉의 읍지인 『임영지』에 보면 범일이 입적한 다음 대관령국사성황당에 봉안되었다고 한다. 국사성황신이 한번 노하면 대관령 아래 영동 지방은 반드시 한발·홍수·폭풍·질병 등 불우한 변이 발생한다고 전한다.

　범일의 사후세계는 범일의 의지와 관계없이 후대 이 지방의 민중들에 의해 꾸며졌다. 민중들은 먼저 고승인 범일을 대관령국사성황으로 승격시켜 모시고, 성황신이 된 범일에게 호랑이로 하여금 강릉 경방에 사는 정씨집 여인을 붙잡아오게 하고, 그녀와 혼인까지 시켰다. 민중은 스스로의 집단적인 필요에 의해 새로운 신화와 설화를 만들어가고 거기에 여러 사건을 결부시키거나 가미한다.

여기에 국사성황을 섬기는 무격들은 한발 더 나가서 국사여성황이 된 정씨집 여인과의 사이에 아들 둘이 있게 했다. 4월 15일 대관령산신제를 지내고 국사성황이 국사여성황에게 갈 때 들리는 성산면 구산리의 큰 성황당(1962년에 없어짐)은 큰아들 성황이고, 지금 남아 있는 안구산의 성황당은 작은아들 성황이라고 한다.

대관령국사성황신탱화

강릉 사람들은 단오제를 지낼 때 대관령국사성황과 대관령국사여성황을 주신으로 모신다. 단오제 때 모시는 주신인 국사성황이 바로 범일이라고 확실하게 명토 박은 문헌은 없으나 강릉 고을에 전해져오는 여러 설화와 기록을 미루어 보면 범일스님이 사후에 국사성황이 되었다는 것을 알 수 있다.

먼저 강릉 고을에 전해 오는 범일국사의 탄생설화에는 범일이 사후에 대관령국사성황이 되었다고 하고, 강릉의 향토지인 『강릉지』의 풍속 조에 보면, '왕순식이 고려 태조를 따라 남쪽을 정벌하러 갔을 때 꿈에 승과 속 두 신이 군사를 이끌고 와서 구해 주었다. 꿈에서 깨어보니 싸움에서 이겼으므로 대관령에 사우를 지어 제사를 올린다'고 했다.

또 『고려사』 왕순식 조에 보면, "태조가 신검을 토벌할 때 순식이 명주로부터 군사를 거느리고 회전해 이를 격파하니 태조가 순식에게 말하기를 '짐이 꿈에 이상한 중이 갑사 3천명을 거느리고 온 것을 보았는데, 이튿날 경이 군사를 거느리고 와서 도우니 이는 그 꿈대로이다'

(안)구산서낭당

하니 순식이 말하기를 '신이 명주를 떠나 대관령에 이르렀을 때 어떤 이상한 스님을 모신 사당이 있기에 제단을 마련하고 제사를 올렸는데 주상께서 꿈꾼 바가 바로 그것입니다' 하니 태조가 이를 기이하게 여겼다."라고 했다.

기록을 보면 이미 고려 초에 대관령에서 스님을 모신 사당에 제사를 지냈다는 것인데 그것이 지금까지 이어져 오니 대관령국사성황당의 역사가 천 년이 넘는 셈이다. 왕순식이 말한 대관령에 있는 사우(신주를 모신 집)와 이상한 스님의 사당에 모셔져 있는 신이 대관령산신인지 성황신인지 확실하지 않지만 승려와 속인이 병사를 이끌 정도였으니 두 사람 모두 지도적인 인물인 것만은 틀림없다. 승과 속 두 신을 김선풍은 성황과 산신을 같은 위치에 놓은 전승사고법에 따라 승은 범일국사요, 속은 김유신이라고 추론했다. 이것을 뒷받침하기 위해 허균의 『성소

부부고』의 내용을 인용해 강릉신화의 주신은 범일국사가 되고 산신은 김유신으로 되어 있다고 결론지었다.

범일은 사후에 신이 되었지만 신의 공간에서만 머무는 것이 아니라 강릉단오제 때는 신의 공간인 대관령에서 나와 세속의 공간인 단오터에도 잠시 머문다. 이때 강릉 지역민들로부터 융숭한 대접을 받고 다

시 신의 공간으로 되돌아간다. 범일이 사후에 이 지방을 수호해 주는 수호신이 되었다는 것은 불교의 영향이 강했던 강릉사회가 만든 신화적 구조물임을 알 수 있다.

학산마을 주민들은 단오제가 시작될 때
고향 마을에 잠시 들리는 범일국사에게 제의를 올린다.

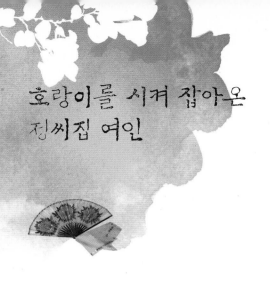

호랑이를 시켜 잡아온 정씨집 여인

강릉에는 대관령국사성황이 된 범일국사의 탄생설화와 더불어 대관령국사여성황이 된 정씨집 여인의 설화가 있다. 그 설화의 내용을 살펴보면 다음과 같다.

강릉 경방에 사는 정씨집에 과년한 딸이 있었다. 혼처가 마땅치 않아 나이가 차도록 시집을 가지 못했다. 하루는 정씨가 꿈을 꾸었는데 대관령성황이 나타나 이 집에 장가오겠노라고 했다. 정씨는 이 말을 듣고 사람이 아닌 성황이 내 딸을 달라니 나는 사위를 삼을 수 없노라고 거절해 버렸다.

그런 후 4월 보름날 정씨집 딸이 노랑 저고리에 남색 치마를 입고 뒷마루에 앉아 쉬는데 난데없는 호랑이가 나타나 이 처녀를 업고 달아났다. 호랑이는 대관령성황이 보낸 사자로서 그 처녀를 모셔 오라는 분부를 받고 정

씨집에 왔던 것이다. 대관령성황은 정씨집 처녀를 데려
와 자기의 처로 삼았던 것이다.

　딸을 졸지에 잃어버린 정씨집에서는 큰 소동이 벌어
졌다. 백방으로 찾으려 하였으나 헛일이었다. 마을에 사
는 한 사람이 정씨집 딸이 없어지던 날 밤에 큰 호랑이

가 와 색시를 등에 업고 가더라고 했다. 정씨는 전날 밤
꿈을 꾼 일도 있고 해서 이상스럽게 여겨 대관령국사성
황이 있는 곳으로 갔다. 거기에 가니 백방으로 찾던 딸
이 국사성황과 함께 사당 안에 서 있는데 딸은 벌써 죽
어 있었다.

　그러나 벽에서 딸의 몸을 떼어낼 수가 없었다. 아무리
당겨도 요지부동이었다. 할 수 없이 화공을 불러 딸의 화
상을 그려 그 자리에 세웠더니 성황 곁에 있던 색시의 몸
이 비로소 벽에서 떨어졌다. 이가 곧 대관령국사여성황
이다.

　앞에 나온 설화의 주인공인 정씨집 여인은 조선 숙종 무렵
의 실존인물로 초계 정씨의 시조인 정배걸의 21세손인 정완주
의 외동딸이다. 그리고 처녀의 어머니는 안동권씨이다. 정씨집
여인은 외동딸로 성장해 황수징이라는 사람과 혼례를 올리고
난 다음, 시댁이 멀리 떨어져 있어 시댁 조상께 알묘를 하지 못
한 채 친정(강릉 홍제동 경방 소재)에 머물고 있다가 5월 5일 단옷
날에 호랑이에게 붙잡혀가 죽었다고 한다.

　결혼은 했으나 친정에서 죽은 몸이라 당시의 풍습에 따라
주검을 시댁으로 옮기지 못하고, 친정에서 장례를 치루고 묘를
친정어머니의 묘 앞에 썼다. 이런 걸로 보아 정씨집 여인은 어
머니가 돌아간 다음 아버지 밑에서 자라 시집을 갔는데 멀리 떨

어져 있는 시댁에 가지 못하고 친정에 머물고 있는 동안 변을 당한 것으로 보인다.

그런데 설화에서는 정씨집 여인은 처녀의 몸으로 음력 4월 보름날에 대관령국사성황의 사자인 호랑이에게 잡혀가 죽었고, 정씨 여인이 죽은 날이 4월 보름날이어서 이 날에 대관령국사성황사에서 성황제를 지낸다고 한다.

그녀의 묘는 현재 강릉시 홍제동 맴소에 있다. 묘비에는 한자로 '초계정씨 시조인 정배걸의 21세손인 통덕랑 벼슬을 한 정완주와 부인 안동권씨 딸의 묘'라고 쓰여져 있다. 최근에 친정 어머니 권씨의 묘를 성산면 어흘리 가족묘가 있는 곳으로 옮기고, 정씨 여인의 묘만 홀로 있다.

범일은 신라 때 사람으로 생전에 굴산사에 머물면서 법문에만 매진하였던 선승이었다. 그의 명성이 서라벌에까지 알려져 경문왕, 헌강왕, 정강왕이 차례로 국사로 초빙하였으나 응하지 않고 굴산사에 머물렀다. 그렇지만 강릉 고을의 민중들이 승려 출신인 범일과 세속적 여인인 정씨 여인을 부부의 연을 맺게 한 것이다.

강릉 지역 민중들은 강릉 출신의 범일국사가 자신들의 현재적 삶에 대한 안녕과 불안한 미래를 구원해줄 구원자로 여겨 그가 죽은 다음 대관령국사성황으로 모시고, 천여 년이 지난 후에는 대관령국사성황을 세속적인 인물로 환생시켜 혼인까지 시켰다. 배필은 신라 때의 범일국사와 아무 상관이 없는 정씨집 여인이다. 지역민들은 범일국사가 생전에는 승려였지만 죽은 다음에는 성황신으로 신격화시켜 자신들의 구원자로 모시고 혼인을 시킨 것이었다.

민중들이 만든 설화 속의 정씨집 여인은 처녀의 몸으로 호랑이에게 물려가 죽었다. 꽃도 피우지 못하고 젊어서 억울하게 죽었다. 억울한 죽음은 한을 품는다. 한을 품고 죽었기 때문에 측은하게 여겼고, 한을 풀어주기 위해 배필을 정해 주었다. 그래서 범일과 정씨집 여인을 신격화시켜 두 신을 부부로 연을 맺게 한 것이다.

정씨생가 치제
강릉단오제 영신제 행사 중 정씨처녀(대관령국사여성황) 생가에 들려 제의를 올린다.

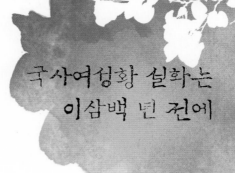

국사여성황 설화는 이삼백 년 전에

앞에서도 살펴보았다시피 범일은 신라 후기 사람이고, 정씨 집 여인은 조선 후기 사람이다. 두 사람은 천여 년의 시공을 초월해 이 지역에서 살았는데, 그 인연이 두 사람을 부부의 연을 맺게 했다. 이 설화는 정씨집 여인이 죽은 다음에 생겼으니, 지금으로부터 약 이삼백 년 전에 생긴 것이라 볼 수 있다.

범일국사와 얽힌 사건들의 구체적인 시간이 밝혀져 있지 않는 점, 학이 주는 붉은 열매를 먹고 생명을 이을 수 있던 점, 술수를 써서 왜군을 물리친 점 등을 보면 범일설화는 주인공 인물의 신이성을 내포한 신화적 요소와 통한다.

범일은 하늘에서 내려온 것도 아니요, 땅에서 솟아난 것도 아니다. 처녀가 햇빛이 비친 물을 마심으로써 수태되었다. 좀 더 구체적으로 설명을 하면 땅속에서 솟아난 샘물과 하늘에서 비친 햇빛이 처녀의 몸에서 만나 수태되었다. 하늘과 땅, 음과 양의 만남이 이루어져 새 생명을 잉태시킨 것이다. 우물은 지상적 존재이고 태양은 천상적 존재이다. 지상적 존재와 천상적 존재가 만난 곳이 바로 처녀가 바가지로 뜬 우물물이었다. 이 물이 처녀의 몸으로 들어감으로써 범일이 잉태되었다.

　범일설화에서는 출생의 수태과정 가운데 남녀의 교혼과정이 없다. 처녀가 햇빛이 비친 물을 마시는 것으로 교혼과정을 대신한다. 범일은 햇빛이라는 천상적 존재와 우물이라는 지상적 존재의 결합으로 태어났기 때문에 태양계의 후손인 것이다. 이렇게 수태된 범일은 열네 달이나 되는 태내기간을 거쳐 낳자마자 바위 밑에 버려지고, 버려진 아이를 학이 보호하는 등 출생과 성장과정도 보통 사람들과는 아주 다른 신이함을 보여준다.

　사후의 모습도 마찬가지이다. 범일은 죽은 다음 지역민들에 의해 대관령국사성황으로 신격화된 다음 정씨집 여인과 혼인하게 되고, 강릉단오제의 주신으로 섬겨져 강릉 지역 주민들로부터 추앙을 받으며 지역민들의 생업인 농업과 어업의 풍요로운 결실과 운수업의 행로안전, 질병퇴치 등에 절대적인 힘을 갖는 것으로 설화의 내용이 발전되어 왔다.

06

스님을 왜
단오굿에 모시지?

황루시(가톨릭관동대학교 미디어문학과 교수)

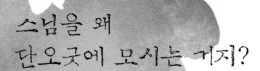

스님을 왜
단오굿에 모시는 거지?

강릉단오제에서 범일국사는 전체 행사의 핵심
이 되는 중심 신이다. 강릉단오제에서 올리는
대부분의 제례와 굿이 범일국사라
고 믿는 대관령국사성황신을 대
상으로 하고 있고, 강릉을 비
롯한 영동 지역 주민들이 강
릉단오제에서 기도하는 대상
역시 대관령국사성황신이기
때문이다.

　그러면 범일국사라고 믿
는 대관령국사성황은 어떤 신격
일까? 그리고 둘은 어떤 관계일까?
만약 대관령국사성황이 신앙의 기원부터
범일국사였다면 강릉단오제는 불교의례

가 되어야 마땅하다. 모두 알고 있는 바와 같이 범일국사는 강릉 출신으로 신라 말에 실존했던 저명한 승려이기 때문이다. 하지만 실제 강릉단오제는 불교의례로 치르지 않는다. 오히려 불교와 전혀 무관한 유교제례와 무당굿으로 단오제를 행하고 있다.

강릉단오제 조전제

제례 중에도 범일국사라는 명칭이 단 한 번도 등장하지 않는다. 단오제 기간 동안 10회에 걸쳐 올리는 제례의 축문에 제사를 받는 대상은 항상 대관령국사성황일 뿐이다. 유교제례에서는 범일국사라는 신격이 아예 존재하지 않는 것이다. 이것이

바로 유교에 범일국사와 대관령국사성황의 상관성을 물을 수
없는 이유이다.

강릉단오굿 중 축원굿(사회선)

반면 무당굿에서는 범일국사를 성황신으로 지칭하며 둘을
동일시한다.

모시자 모시자 성황님네를 모시자 성황님
네를 모십시다 남산부중아 대한민국 강원도
라 이십육관이고 강릉단오제 성황님을 모실
라고 대관령 범일국사 국사여성황님을 모시
구요…….

이 무가는 현재 강릉단오굿 예능보유자인
빈순애 무녀의 축원굿 일부이다. 굿에서 모시
는 성황님이 대관령 범일국사와 국사여성황이
라고 밝히고 있다. 대관령 범일국사 뒤에 '국사
성황님'은 생략하고 '국사여성황님'으로 넘어
간 것으로 보인다. 이렇게 굿에서 무녀는 범일
국사가 곧 강릉단오제 성황님이라고 지칭하고
있다.

성황(무녀들은 서왕, 또는 서낭이라고 부른다)
은 마을지킴이로 무속에서도 같은 역할을 하는
신이다. 강릉단오제뿐 아니라 영동 지역 어느
마을 어느 집에서 굿을 해도 성황을 모시는 성
황굿은 굿의 차례 안에 반드시 들어있다. 하지

만 범일국사는 강릉단오굿에서만 성황으로 모시고 있다. 그렇다면 강릉단오굿에서 성황으로 대우받는 범일국사도 과연 무속의 신이라고 볼 수 있는 것일까?

범일국사를 무속의 신으로 볼 수 있는가 하는 문제는, 대관령국사성황과 범일국사의 관계를 파악하는 데 큰 열쇠가 되므로 꼭 생각해 보아야 할 것이다. 유교제례와 달리 무당굿에서는 범일국사를 대관령국사성황이라고 지칭하고 있는 만큼 반드시 짚고 넘어가야 할 중요한 문제이다. 이 문제를 풀기 위해 세 단계의 검증이 필요하다.

첫 번째는 무속의 신들을 개관한 뒤 범일국사가 과연 무속의 신으로 좌정할 수 있는 요건을 갖추었는지 알아봐야 한다. 다신교인 무속에는 수많은 신들이 있는데 이 가운데 사람이 죽은 다음에 신이 되는 경우가 있다. 이를 인신계통의 신이라고 부르는데 만약 범일국사가 무속의 신이라면 여기에 해당할 것이다. 범일국사의 생애가 무속의 인신계통 신들과 어떤 공통점과 차이점을 지니고 있는지 알아본다.

둘째는 범일국사의 탄생설화에 무속신화의 성격이 얼마나 포함되어 있는지 살펴보는 것이다.

셋째는 강릉단오굿의 내용을 분석하여 굿 안에서 범일국사의 위치를 알아보는 것이며, 이렇게 세 단계의 검증 과정을 거친 후에 범일국사가 어떻게 대관령국사성황이 되었는지 그 과정을 재구성해 보면 답을 얻을 수 있을 것 같다.

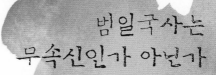

범일국사는 무속신인가 아닌가

참 다양한 무속의 신들

다신교인 무속에는 수많은 종류의 신들이 있어 인간의 삶을 보호하고 지켜준다. 간략히 분류를 해보면 성주나 조왕 같은 가정신과 지역에 따라 성황·당산·부군·도당 등의 다양한 이름을 가진 마을지킴이 신들이 있다. 또 모든 자연에는 신이 깃든다고 생각하여 산에는 산신, 물에는 용왕, 바람신으로는 영등할머니가 있다. 일월성신, 칠성, 오방신장 등은 우주의 운행이 원만하게 돌아가도록 지켜주는 신들이다. 사람이 태어나서 죽을 때까지 삶의 고비마다 신이 있어 지켜준다고 믿는다. 생명을 주는 삼신, 명을 주는 칠성, 천연두 같은 몹쓸 병을 관장하는 손님, 복을 주는 제석, 재수 주는 대감, 사람이 죽으면 그를 데리고 가는 저승사자, 그리고 저승을 관장하는 시왕이 있다.

조상도 무속에서 중요한 신이다. 그러나 무속의 조상과 유교의 조상은 성격이 다르다. 유교의 조상은 정상적으로 태어나 정상적으로 결혼하여 정상적으로 아들을 낳고 편안하게 죽음을 맞아야 비로소 자격을 획득한다. 태어나서 죽을 때까지 정상적으로 모든 과정을 통과해야만 제사를 받는 조상이 되는 것이다.

그렇지만 산다는 것은 그렇게 만만한 일이 아니다. 객지에서 험한 죽음을 할 수도 있고 아들을 얻지 못할 수도 있으며 아예 결혼을 못한 상태에서 죽을 수도 있다. 이런 비정상적이고 가엾은 죽음은 무속의 영역에 속한다. 유교의 조상과 달리 순탄치 못한 삶을 살다가 험한 죽음을 맞이한 조상일수록 오히려 무속에서는 중요한 신격이 된다. 그들의 한을 풀어주는 것이 바로 무속신앙이기 때문이다.

그런가 하면 무속신화의 주인공이 신으로 좌정하는 경우도 있다. 저승에 가서 약물을 길어와 아버지를 살린 효녀 바리데기나 미혼모가 되어 아들 셋을 키워낸 당금애기 같은 신이 대표적이다. 바리데기는 죽음을 관장하는 신이고 당금애기는 삶과 생산을 관장하는 대표적 신이다.

마지막으로 무속에는 인신계통의 신들이 있다. 사람이 죽어서 신이 된 경우를 말하는데, 범일국사가 무속의 신이라면 바로 이 범주에 속한다.

무속의 신들은 전국적으로 유사한 명칭과 직능을 가지고 굿의 중요한 내용을 형성한다. 실제 서울의 마을굿과 강릉단오굿을 비교해보면 명칭은 조금씩 달라도 각각의 신이 맡고 있는 직능은 물론, 굿의 순서 또한 놀랄 만큼 비슷한 것을 알 수 있다.

무속은 우리나라의 토착신앙으로 오랜 세월 속에 쌓이고 더해진 하나의 문화현상이다. 지역에 따라 약간의 차이는 있지만 고유의 직능을 가지고 있는 무속신들은 전국적으로 굿이라는 의례를 통해 인간과의 관계를 유지하고 있다.

사람이 죽어 신이 된 무속신과 범일국사

인신계통의 무속신은 사람이 죽은 후 신이 된 경우를 말한다. 인신계의 대표적 신으로는 서울과 경기도 북부 지역에서 신앙하는 상산마누라와 별상 그리고 황해도 연평도 지역의 성황이 있다. 상산마누라는 산신을 말하는데 최영 장군이라고 하고 별상은 사도세자라고 한다. 연평도에서는 임경업 장군을 마을 수호신인 성황으로 모신다.

범일국사가 만약 무속신이라면 여기에 해당된다. 이들 인신계통 무속신들을 살펴보면 각자 생존시대도 다르고 신분도 같지 않다. 하지만 이들 모두 비참한 최후를 맞이했다는 공통점이 있다. 최영 장군이나 사도세자, 임경업 장군 모두 훌륭한 업적을 쌓았거나 높은 신분 출신임에도 불구하고 억울한 죽음을 당한 것이다.

최영 장군은 고려 말의 위대한 장군이었다. 끝까지 나라를 지키려고 했으나 결국 실패하고 이성계에게 참형을 당했다. 이미 나라를 잃었으니 역사는 최영 장군의 한을 풀어줄 수 없었다. 그렇지만 개성을 중심으로 서울 지역의 민중들은 무당굿을 통해 최영 장군을 상산마누라라는 높은 신으로 만들어 추모했다.

사도세자는 장차 왕이 될 신분이었으나 아버지 영조의 미움을 사 뒤주에 갇혀 비참한 죽음을 맞았다. 역시 민중들이 굿에서 별상이라는 신으로 기억하고 있다.

임경업 장군은 조선 중기 명장으로 병자호란을 전후로 활약했다. 당시 청과 명의 갈등에서 명나라의 편을 들다가 모함을 받았고, 인조의 국문을 받다가 매를 이기지 못해 죽었다고 한다. 장군이 중국을 드나들 때 서해바다로 지나갔는데 이때 바다에서 담수를 발견한 것과 조기를 잡아 군사들을 배불리 먹였다는 설화 등이 함께 전승되면서 서해 연평도의 성황신으로 좌정하게 되었다. 하지만 이런 이야기가 전해지더라도 임경업 장군이 억울한 죽음을 당하지 않았다면 과연 성황신이 되었을까?

그러면 이 셋의 억울한 죽음과 무속은 어떤 관련이 있는 것일까? 무속신앙에서는 한을 푸는 것이 매우 중요하다. 조상 가운데에서도 결혼을 못하고 죽거나 비참한 죽음을 한 조상을 더욱 위하고 한을 풀어주기 위해서 노력한다. 그런데 이 셋은 모두 역사에 기록될 만큼 위대한 인물이었을 뿐 아니라 두고두고 역사에 남을 만큼 억울한 죽음을 당한 사람들이기도 하다. 무속 공동체가 한 마음으로 그 억울함을 기억하고 풀어주기 위해 신으로 모시는 것이다. 바로 이런 성격이 인신계통 무속신의 특징이다.

범일국사 역시 실제 생존했던 인물로 죽은 후에 대관령국사성황이 되었다. 기능으로 볼 때 범일국사는 강릉을 비롯한 영동 지역의 수호신이라는 점에서 임경업 장군과 비슷하다. 범일국 사는 임경업 장군처럼 마을성황이 아니라 보다 넓은 범위인 영 동 지역 전체의 지킴이지만 둘은 지역수호신이라는 점에서 유 사하다.

하지만 범일국사의 일생은 무속의 인신계통 신하고는 상당 한 거리가 있다. 전술한 바와 같이 위대한 인물의 억울하고 비 참한 죽음이야말로 무속에서 신이 되는 절대적 조건이다. 그러 나 범일국사의 생애는 이들과 판이하게 다르다. 범일은 15세에 출가하여 20세에 경주에서 구족계를 받은 후 흥덕왕 6년(831)에 당나라로 가서 선종을 계승하고 문성왕 9년(847)에 귀국했다. 그리고 문성왕 13년(851)에 당시 명주도독 김공이 청하여 굴산 사 주지로 오게 되고 그 후 40여 년간 영동 지역에 선불교를 퍼 뜨리는 활동을 했다. 범일국사는 신라 말 구산선문의 하나인 사 굴산파의 창시자로, 강릉 굴산사와 신복사를 건립하고 양양의 낙산사를 중건했다. 당시 영동 지역의 사찰은 신라 왕실을 비롯 하여 전통적으로 신앙하던 교학불교에서 선학불교로 전환되었 는데 그 중심인물이 바로 범일이었다. 871년에는 경문왕, 880 년에는 헌강왕이 각각 범일에게 국사로 청했으나 가지 않았다.

범일국사는 신라 왕실이 받드는 교종과 대립되는 위치에서 지방 호족세력과 결합하여 영동 지역의 정신적 지주가 되었다. 그렇지만 범일의 죽음에는 앞서 살펴본 무속신들과 달리 억울하거나 비참한 내용이 전혀 없다. 그는 훌륭한 업적을 세운 뒤 80세에 입적하였고 정확한 시점은 알 수 없지만 강릉 사람들에 의해 대관령국사성황으로 모셔졌다. 바로 이런 차이점은 범일국사가 무속의 신이 될 수 없는 절대적 조건이 된다. 범일국사는 강릉 지역에서 대관령국사성황으로 신앙되고 있지만 그의 삶은 무속이 신으로 추앙하면서 꼭 풀어주어야 하는 한이 결여되어 있다. 즉, 무속의 관점에서 볼 때 신으로 모실 이유가 없는 것이다.

최영 장군   사도세자   임경업 장군

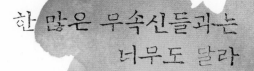

한 많은 무속신들과는
너무도 달라

　우리나라에서 전승되고 있는 무속신화는 100여 편이다. 제주도와 함경도에서 가장 많은 무속신화가 전해진다. 강릉을 비롯한 동해안 지역 굿에도 무속신화가 많은데 대표적인 주인공은 바리데기와 당금애기이다.

　바리데기는 아버지를 살리기 위해 목숨을 걸고 저승을 찾아가 약물을 길어온 효녀이고 당금애기는 세존굿의 주인공으로서 홀몸으로 아들 셋을 훌륭하게 키워낸 미혼모이다. 각각 죽음과 삶을 대표하는 신격으로 바리데기신화는 오구굿처럼 망자를 저승으로 천도하는 굿에서 부르고 당금애기신화는 강릉단오굿처럼 산 사람의 길복을 축원하는 굿에서 부른다.

　바리데기의 탄생담을 보면 비범한 인물이 될 것을 예고하고 있다. 아버지와 어머니는 한날한시에 용이 온몸을 휘감는 꿈을 꾼 후에 바리데기를 임신한다. 아들이라고 확신한 부모는 산천을 다니면서 정성을 드리지만 결국 딸을 낳았다. 실망한 아버지는 딸을 버린다. 그래서 이름도 '버렸다 버리데기, 바렸다 바리데기'가 되었다.

　당금애기도 아들만 일곱 있는 집의 고명딸로 태어난 귀한 존재이다. 하지만 당금애기 역시 가족으로부터 버림받았다. 바리데기는 아들이 아니라는 이유로 태어나자마자 부모에게 버려졌고 당금애기는 부모가 집을 비운 사이 뜻밖의 임신을 한 죄로 버림을 받은 것이다. 그러나 이들은 절대적 희생을 통해 모든 시련을 이겨내고 아버지를 구하거나 아들을 키워낸 후 그 공덕으로 무속의 신이 되었다. 무속신화의 주인공들은 영웅처럼 특별히 힘이 있는 존재도 아니고 타고난 능력이 남다른 것도 아니다. 다만 일반 사람이 견디기 어려운 고통을 이겨낸 뒤에 신으로 좌정된다는 공통점이 있다.

강릉단오굿 중 세존굿(당금애기)

　강릉에는 범일국사의 탄생담이 전승되고 있다. 기록에 의하면 범일국사의 속성은 계림김씨이고 어머니는 문씨라고 한다. 하지만 학산을 비롯한 강릉 지역에 전승하고 있는 범일국사의 탄생설화는 전혀 다른 신화적 내용을 보여준다. 설화 내용은 다음과 같다.

　학산의 한 양갓집 규수가 우물가에 물을 뜨러 갔는데 바가지에 해가 담겼다. 그것을 마시고 임신을 했다는 것이다. 마침내 아들을 낳았으나 아비 없는 자식이라고 흉볼 것이 두려워 뒷산 학바위에 버렸다. 며칠 후 이미 죽었을 것이라고 생각하고 찾아가 보니 학이 아기를 날개로 덮어주고 입에서 붉은 구슬을 내어 먹이고 있었다. 하늘이 내린 자손이라고 생각하여 다시 집으로 데려왔다. 그 후 범일은 출가하였고 당나라에서 수학한 뒤 영동 지역 선종의 대가가 되었다. 임금의 국사로 초빙되었으나 가지 않았고 굴산사와 신복사를 창건했다. 마침내 입적한 뒤에 대관령국사성황이 되었다고 한다.

강릉단오굿 중 심청굿

　이 이야기는 앞서 살펴본 무속신화들과 비교할 때 구조가 전혀 다르다. 물론 비슷한 내용이 없는 것은 아니다. 범일국사의 비범한 출생과 낳자마자 부모에게 버려진 것은 바리데기와 같다. 하지만 범일국사의 버려짐은 아주 잠시이고, 학의 존재를 통해 그의 비범함을 드러내어 다시 정상적인 자리로 돌아가기 위한 장치로 기능할 뿐 고난으로 이어지지는 않는다. 다른 무속신화의 주인공과 범일국사의 삶은 내용이 전혀 다르게 전개될 수밖에 없는 것이다. 범일국사의 삶에는 특별한 고난이나 시련이 주어지지 않았고 그 시련을 이겨낸 대가로 신이 된 것도 아니다. 구조를 분석해 볼 때 범일국사의 탄생담은 무속신화와의 친연성이 거의 없다. 오히려 범일의 탄생담은 천부수모형(하늘의 아버지와 수신계의 어머니) 신화인 주몽전승과 유사하다.

주몽의 아버지는 해모수로 태양신이고 어머니 유화는 물의 신 하백의 딸이다. 유화는 물고기로 변신하기도 하여 수신의 면모를 보여준다. 천신계 아버지와 수신계 어머니 사이에서 태어난 주몽은 고구려를 건국한 시조가 되었고 죽은 후에 산신이 되었다고 한다. 범일전승에서도 어머니가 바가지에 든 태양을 마시고 임신을 했으니 아버지는 태양신계통이라는 것을 알 수 있다. 또한 어머니가 우물에 물을 길러갔다는 것은 수신계의 가능성을 보여주는 대목이다.

범일국사는 선종의 대가로 영동 지역의 정신적 지주였다. 신라 말 왕실의 부름을 받았으나 응하지 않았고 오히려 고려 건국에 힘을 실어준 것으로 보인다. 범일국사는 사후에 대관령국사성황이 되었다. 이처럼 주몽전승과 범일전승은 천부수모형

신화의 탄생담과 죽은 뒤 신이 되었다는 공통점을 갖고 있다.

　　고려는 고구려를 이은 나라이다. 고구려의 국조신화는 고려 때 기록되어 정착되었는데 범일전승 역시 이런 사회분위기 속에서 생성된 것으로 보인다. 결국 범일의 탄생담은 범일이 사후 대관령국사성황으로 좌정하게 된 비범함을 증명해주는 설화이지만 무속신화와는 전혀 다른 맥락을 갖고 있음을 알 수 있다.

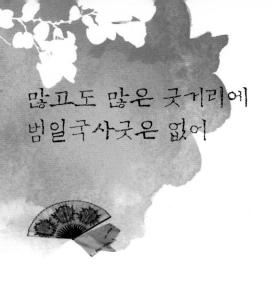

많고도 많은 굿거리어
범일국사굿은 없어

강릉단오제 행사는 한 달여 동안 이어진다. 4월 5일 신주빚기로 시작해 4월 보름 대관령치제를 올리고, 본격적인 단오제는 5월 3일부터 8일까지 강릉 시내 남대천 단오장에서 계속되는데 어떤 행사에도 무당굿이 빠지지 않는다. 오히려 무당굿이 없으면 행사 자체가 불가능해진다.

신주를 빚을 때는 먼저 무당이 부정을 물리고 술이 잘 익으라고 축원굿을 한다. 4월 보름엔 대관령에 올라가 성황사에서 부정굿과 성황굿을 한다. 굿을 한 다음 성황사 인근 숲속에서 수많은 단풍나무 가운데 단 한 그루 신성한 신목을 모실 때도 무녀가 축원하여 신을 강림시킨다. 대관령에서 신목과 위패를 모시고 강릉 시내로 내려와 국

강릉단오굿 중 부정굿

사여성황사로 가면 무녀는 다시 굿을 하여 국사성황신을 국사
여성황신 옆에 나란히 앉힌다.

　강릉단오제 본제가 시작되는 5월 3일도 마찬가지이다. 대관
령국사여성황사에서 영신제를 모신 후에 다시 굿을 한다. 이 굿
의 의미는 성황님 부부에게 이제 성황당을 떠나 수많은 사람들
이 기다리고 있는 남대천 단오장 굿당으로 가시자고 권하는 것
이다. 이날 저녁 마침내 남대천 굿당에 대관령국사성황신과 대
관령국사여성황신을 좌정시킨 후에는 문굿과 청좌굿을 한다.
문굿은 문을 열어 신들이 들어오시게 하는 것이고 청좌굿은 굿
청에 모든 신들을 앉히는 굿이다.

　굿은 이튿날 아침 11시부터 시작하여 저녁 8시까지 단오제

강릉단오굿 중 군웅장수굿

강릉단오굿 중 초롱등굿

가 끝나는 8일까지 계속된다. 남대천 굿당에서 하는 굿의 순서를 보면 부정굿, 청좌굿, 화해굿, 조상굿, 세존굿, 칠성굿, 산신굿, 지신굿, 천왕굿, 군웅장수굿, 성주굿, 심청굿, 손님굿, 제면굿, 꽃노래굿, 뱃노래굿, 등노래굿, 대맞이와 환우굿으로 마친다. 상황에 따라 사이사이 적절하게 축원굿을 섞는다. 그리고 세습무가의 남자인 양중들이 여흥 삼아 탈굿이나 곤반놀이 같은 굿놀이도 하면서 굿판을 더욱 흥겹게 만든다. 매일 아침 30분이면 끝나는 제례에 비해 하루 종일 9시간 이상 계속되는 무당굿은 사실상 단오제의 종교적 구심점이다. 제례는 강릉 지역 사회의 유지들이 제관이 되어 시민들을 대표하고, 이어지는 무

강릉단오굿 중 환우굿

당굿은 시민들의 삶과 밀착되어 있는 것이다.

대관령국사성황사와 강릉에 있는 국사여성황사 그리고 남대천 굿당에서 하는 강릉단오굿의 제차를 모두 합치면 20여 석이 넘는다. 하지만 그 가운데 정작 '범일국사굿'이라는 명칭을 갖고 있는 굿은 없다. 성황굿이나 축원굿을 할 때 무녀는 범일국사를 모신다는 무가를 부르지만 그 굿의 명칭이 '범일국사굿'은 아니다. 성황굿은 지역수호신을 모시는 굿의 명칭이고 전국적으로 동일하다. 그렇지만 범일국사는 강릉단오제에만 존재하는 특별한 성황일 뿐이다.

심지어 같은 강릉의 강문이나 사천진리, 영진마을의 성황굿에서도 성황을 범일국사라고 부르지 않는다. 이는 서울과 경기 북부 지역의 모든 굿에서 최영 장군을 상산마누라로 모시는 것과 차별된다. 범일국사는 무속의 신이 아니다. 강릉의 마을굿에서 거론되지 않는 것으로 미루어 볼 때 강릉 지역의 수호신이라고 하기도 어렵다. 다만 강릉단오제의 주신으로 대관령국사성황인 것만은 분명하다.

스님이 어떻게
국사성황이 되었나

앞서 본 것처럼 범일국사는 무속의 신이 될 수 있는 요건을 갖추지 못했다. 탄생담 역시 무속신화가 아니라 고구려 건국시조신화와 유사하다. 무녀들은 굿을 하면서 범일국사를 대관령국사성황이라고 부르고 있다. 그렇지만 20석이 넘는 강릉단오굿 가운데 '범일국사굿'이라는 굿거리는 없다. 범일국사는 무속의 신이 아니기 때문이다. 그렇다면 범일국사를 대관령국사성황으로 만든 것은 누구일까? 왜 무녀들은 굿에서 범일국사를 대관령국사성황이라고 칭하는 것일까? 무속의 관점에서 범일국사가 대관령국사성황으로 좌정할 수 있었던 이유를 알아보자.

강릉단오굿과 강릉어촌마을 풍어제

강릉은 마을단위의 동제가 활발하게 전승되어 있다. 지금도 1년에 한 번 이상 상당수의 마을에서 동제를 모시고 있다. 특히 어촌마을에서는 정기적으로 무당굿을 했다. 비용이 많이 들기 때문에 해마다 할 수는 없었지만 3년 내지 5년 터울을 두고 굿을 벌여 바다에서의 사고를 막고 풍어를 기원했다.

대표적인 어촌마을로는 강문과 사천진리가 있다. 강문은 성황굿이라고 불렀고 사천진리는 별신굿이라고 불렀으나 지금은 모두 풍어제라는 명칭을 사용한다. 그런데 이들 어촌마을에서 전승하고 있는 풍어제의 구조를 보면 강릉단오굿과 거의 일치하고 있는 것을 알 수 있다. 차이점이 있다면 강릉단오굿에는 용왕굿이 없고 잡귀를 풀어먹이는 거리굿이 유교식 제례인 송신제로 대치된다는 것 정도이다. 이 가운데 성황굿을 중심으로 강릉단오굿과 어촌마을의 풍어제를 비교해보자.

강문과 사천진리는 모두 성황당이 두 개이다. 남녀성황을 각각 모시고 있기 때문이다. 그런데 이 두 성황당은 마을에서 서로 멀찍이 떨어져 위치해 있다. 강문의 여성황당은 해변에 면해 있다. 넓은 마당이 딸린 당은 제법 크고 안에는 여성황의 화분을 모시고 있다. 반면 남성황당은 여성황당 뒤의 솔밭 가운데 있다. 남성황당은 상대적으로 규모가 작고 당 안에도 단출하게 위패만 모셔놓았다.

강문은 정월 대보름에 동제를 모시고 해를 걸러 음력 4월 보름에 굿을 하는데 대부분의 제의는 여성황당에서 이루어진다. 남성황당은 무당패가 잠시 들려서 성황대에 너름을 받아 신을 모셔올 따름이다. 너름받는다는 것은 대에 성황신을 강림시키는 것을 말한다. 대나무로 만든 성황대는 굿하는 동안 마당에

강문성황굿(풍어제)

세워둔다.

사천진리도 마찬가지이다. 남성황당은 마을 뒤 작은 동산 위에 있다. 지붕을 잇지 않은 당에서 성황대를 내려 신을 모신 다. 여성황당은 바닷가 바위의 해당화가 신체이다. 역시 대를 내려 여성황을 모셔온 뒤 두 성황을 함께 바닷가에 차린 가설굿

당에 모셔놓고 굿을 하게 된다. 이처럼 평소 떨어져 있던 남녀성황은 굿을 할 때 유일하게 만남을 갖는다.

여성황당에서 굿을 하는 강문이나 바닷가에서 굿을 하는 사천진리 모두 성황대에 신을 내려 굿하는 장소로 모셔오는 것이다. 1년, 또는 몇 년에 한 번씩 굿을 통해 두 성황의 결합이 극적으로 이루어지는 것을 볼 수 있다.

남녀신이 따로 떨어져있는 양상은 강릉단오제도 마찬가지이다. 단오제의 경우는 거리가 훨씬 멀어서 남성황은 대관령 성황사에, 여성황은 강릉 시내 여성황사에 각각 머물고 있다. 원래 여성황당은 남문동 남대천변에 있었는데 1936년 병자년 대홍수 때 떠내려갔다고 한다. 여성황당이 물가에 있었다는 것은 어촌마을에서 여성황당이 바닷가에 위치하면서 바다의 일을 관장하는 것과 무관하지 않다.

평소 떨어져 있던 남녀성황이 만나는 것은 일 년에 단 한 번 단오제 기간뿐이다. 4월 보름이면 강릉 시민과 무당패들은 대관령에 올라가는데 이날 가장 중요한 일은 신목을 모셔 오는 것이다. 산신제와 국사성황제, 무당의 성황굿이 끝나면 신장부가 앞장서서 산으로 올라간다. 한참을 올라간 신장부가 마침내 한 그

루의 단풍나무를 신목으로 선정하여 밑동을 잡는다. 무녀는 격
렬하게 제금을 치면서 성황이 신목에 내리기를 축원한다. 신목
에 성황을 강림시키는 일은 무녀의 몫이다. 신장부가 신목 잡은
손을 떨면 국사성황이 내린 것으로 알고 밑동을 잘라 모셔오는
것이다.

신장부가 모셔온 단풍나무
신목은 바로 마을굿의 성황대
와 같은 기능을 한다. 신목이나
대는 모두 성황의 신체인 것이
다. 사람들은 다투어 신목에 예
단을 건다. 마치 사람처럼 신에
게 옷을 입히는 행위로 해석할
수 있다. 신목과 대관령국사성
황의 위패를 앞세운 일행은 대
관령을 내려와 강릉 시내 여성
황당으로 간다. 여성황당에 신
목과 위패를 모셔두고 봉안제
와 굿을 하는 것으로 4월 보름
날 행사를 모두 마친다. 그날부
터 두 성황은 5월 3일까지 여
성황당에서 함께 거한다. 또한

강릉단오제 신목모시기

남대천 가설굿당에도 신목과 두 성황의 위패를 모시고 나가 단

대관령을 내려오는 국사성황행차

오제가 끝나는 날까지 함께 시민들의 절을 받는 것이다.

　강릉단오굿이나 어촌마을의 풍어제 모두 성황굿을 한 뒤에 청좌굿과 하후굿을 한다. 청좌굿은 모든 신들을 굿청에 앉히는 굿이다. 하후굿은 화해굿의 와음으로 두 신의 만남을 의미하는 굿이다. 떨어져 있던 남녀 두 성황이 마침내 굿청에서 만나 화해한다는 뜻이다. 성황굿에 이은 하후굿으로 남녀성황은 회포를 푼다. 하후굿이야말로 전체 굿의 핵심이라고 할 수 있다. 강릉단오제의 경우 4월 보름부터 5월 3일까지 여성황사에서의 동거는 하후굿과 같은 기능을 갖는 의례과정이라고 하겠다.

범일국사는 왜 결혼했을까?

　평소 떨어져 있던 남녀성황이 굿을 할 때만 만나는 것은 매우 중요한 의미가 있다. 모름지기 굿의 목적이 바로 만물의 풍요에 있기 때문이다. 풍농과 풍어를 기원하고 모든 생산이 활발해지기를 바라는 것이 바로 굿의 목적이다. 이를 위해서는 남성과 여성의 결합이 절대적으로 요구된다. 무릇 생산이란 성적 결합의 결과이기 때문이다. 신성한 신의 결합은 우주만물에 영향을 미쳐 풍요로운 생산을 가져온다고 믿는 것이다. 그런데 만약 두 신이 항상 함께 있다면 결합의 과정을 확연히 드러내기 어렵다. 두 신의 별거는 어쩌면 만남을 더욱 의미 있게 하기 위한 장치일 수 있다. 이처럼 남녀신의 드라마틱한 만남은 바로 굿의 목적과 관련이 있는 것이다.

상식적인 차원에서 이해하기 어려운 일중의 하나가 범일국사의 혼인담이다. 위대한 지역의 인물이 사후에 지역을 지키는 신이 되었다는 이야기는 누구나 기꺼운 마음을 받아들일 수 있다. 그렇지만 위대한 승려가 사후 신이 되어 혼인했다는 이야기는 도무지 쉽게 수긍이 되지 않는 것이다. 혼인담이야말로 범일국사와 대관령국사성황의 가장 큰 차이점이라고 하겠다.

혼인하는 강릉단오제 전승 속의 범일국사는 생전의 삶과 전혀 일치하지 않는 모습을 보여준다. 실제로 범일국사는 혼인을 하지 않았기에 이는 사실일 수가 없다. 승려가 결혼을 한 것도 이상한데 그마저 정상적인 결혼이 아니다. 아내로 맞이하고 싶은 여인의 아버지가 결혼을 허락하지 않자 호랑이를 사자로 보내어 강제로 데려왔다는 것이다. 범일국사와 대관령국사성황을 같은 차원에 놓고 생각한다면 결코 용납할 수 없는 일이다.

이 부분을 이해하기 위해서는 하회굿의 의미를 되새길 필요가 있다. 남녀신의 결합이 있어야 만물이 풍요롭고 생산이 활발하게 이루어진다는 굿의 맥락에서 볼 때는 오히려 독신인 국사성황의 존재가 용납되기 어렵다. 신이 독신인 상태에서는 만물을 풍요롭게 하는 생산의 주관자가 될 수 없다고 믿기 때문이다. 호랑이를 사자로 보내어 성사된 국사성황의 신성한 결혼은 실존의 범일국사와는 아무 상관이 없는 일이다.

이 혼인은 태양신을 아버지로, 수신을 어머니로 태어난 대관령국사성황이 한 것으로 보아야 한다. 오로지 강릉을 비롯한 영동 지역 주민들이 안심하고 풍요롭게 살 수 있도록 대관령국사성황은 어렵게 혼인을 했던 것이다. 결혼을 통해서 범일국사는 대관령국사성황이 되었다. 그 과정에서 승려로서의 범일국

강릉단오굿 중 하회동참굿

사는 죽었다. 대신 범일국사는 특정 종교를 초월하여 오로지 대관령을 의지하고 살아가는 수많은 영동 지역 주민과 공동체를 위해 존재하는 대관령국사성황으로 다시 태어난 것이다.

범일국사,
공동체의 수호신으로 다시 태어나다

강릉단오제는 깊은 신심을 보여주는 종교의례와 남녀노소가 함께 즐길 수 있는 다양한 세시민속놀이, 흥겨운 가운데 실속 있는 경제행위가 이뤄지는 난장이 어우러진 전통축제이다. 그런데 대부분의 전통축제는 신앙을 배경으로 하고 있기에 축제의 요소 중 종교의례는 매우 중요하고 큰 의미를 지닌다. 예를 든다면 기독교 문화권인 유럽의 축제는 상당수가 부활절이나 크리스마스 같은 기독교 축제이고 이슬람 문화권에는 라마단이 끝난 뒤 대규모의 이슬람 축제가 있기 마련이다.

강릉단오제 씨름대회

특이하게도 강릉단오제는 하나의 종교를 배경으로 하는 것이 아니라 다양한 종교가 섞이고 결합한 가운데 공동체를 위해 화해하는 양상을 보여주고 있다. 즉 강릉단오제에는 실제로 의례를 진행하고 있는 유교와 무속뿐 아니라 성황신으로 좌정한 범일국사의 배경에 따른 불교적 요소, 대관령산신제를 통한 도교 등 우리나라의 거의 모든 전통신앙이 공존하고 있는 것이다.

유교를 통치이념으로 삼았던 조선조는 공동체의례에 유교식 제사를 강조했기 때문에 지금도 제사와 무당굿이 한데 섞인 동제는 흔히 볼 수 있다. 조선조 강릉단오제는 유학도인 이속들이 주관했기에 더군다나 유교식 제례가 강조된 측면이 있다. 하지만 불교와 도교 등 모든 종교적 요소가 함께 하는 공동체의례는 전국적으로 보기 드물다. 이는 흔히 '천년단오' 라고 하는 강릉단오제의 오랜 역사가 준 축복이다. 긴 세월동안 전승해오면서 여러 종교들의 습합이 자연스럽게 이루어진 결과인 것이다.

범일국사는 지역이 낳은 위대한 인물로 공동체의 승인을 얻어 가장 중요한 수호신인 대관령국사성황이 되었다. 그러나 긴 역사를 관통하면서 승려라는 개인적 속성은 공동체의 안녕을 기원하는 과정에서 옅어졌을 것이다. 그 과정에서 지역민들은 범일국사를 혼인시켰다. 그리고 국사 성황은 해마다 단오가 되면 가장 드라마틱한 방법으로 여성황을 만남으로써 지역사회의 안녕과 풍요를 지켜주고 있다. 공동체의 풍요와 결속을 지켜온 강릉단오제의 역사적 무게가 다시 한 번 큰 울림으로 다가온다.

07

신명이 오는 날

안광선(가톨릭관동대학교 박물관 특별연구원)

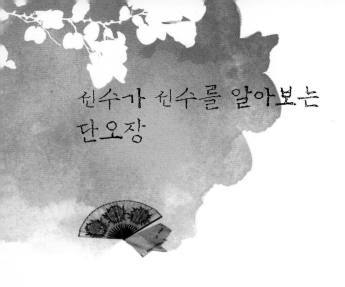

선수가 선수를 알아보는 단오장

와! 단오다.

단오는 신난다. 절로 신명이 난다.

강릉단오제가 열리는 날이면 하던 일을 멈추고 대관령으로 남대천으로 뛰쳐나가야 직성이 풀린다. 나만 그런가? 아니다. 강릉 시민뿐 아니라 인근의 주민 모두 누구나 이날을 기다린다. 강릉이 고향이거나 잠시 강릉에 살았던 사람에게도 단오제의 추억은 각별하다.

강릉단오제는 강릉 사람들이 수호신 국사성황에게 제사를 지내고 한바탕 먹고 노는 축제이다. 이 축제에 참여하기 위해 각 마을 사람들은 한 달 전부터 술을 담그는 등 미리 준비하며 그날을 기다린다. 누가 오라고 하지 않아도 빠질 수 없는 자리다.

예전에 농촌 젊은이들은 단오제가 열리는 남대천에 가기 위해 어떻게든 그 전에 모내기를 마쳐야 했다. 무리하게 일을 하다 보니 결국 몸에 흔적이 남았다. 단오장에서 왼쪽 팔 뒤꿈치

학산마을 모내기

아래가 검게 멍들어 있으면 무리하게 모내기를 마치고 온 농자가 틀림없다. 모내기할 때 모를 든 왼손은 허벅지와 밀착된 상태인데 보름이고 열흘 계속해서 모를 심다보면 결국 그 자리가 검게 멍이 든다는 것. 아무리 잘 차려 입어도 서로 알아보고 피식 웃었다고 한다.

단오 사나흘 전에는 성황당이나 마을 뒷동산 탄력 좋은 굵은 나무에 그네를 맸다. 처녀들도 이날만은 치맛자락 날리면서 그네를 탈 수 있었다. 어느 집은 식구들이 모두 나섰다. 명절이라 단오 차례를 지낸 다음 아이 어른 할 것 없이 그네 터에 모여 그네를 탔다. 마을마다 건장한 젊은이들은 단오장을 찾아 황소가 걸린 씨름대회에 나섰다.

강릉단오장

1970년대 강릉단오제 그네대회
(강릉문화원)

2013년 강릉단오제
그네대회

축제는 그것을 기다리고 참여하는 사람들의 몫이다. 축제가
갖는 특징은 일상에서의 탈출과 그럼으로써 얻는 해방감이 으
뜸일 것이다. 이는 미리 계획하고 준비하는 과정에서 우러나오
는, 마음속 깊은 곳에서 출발하는 것이라고 할 수 있다. 그렇기
에 축제는 준비하고 기다린 자의 것이다. 보름이나 열흘 가까이
몸에 흔적이 남도록 일한 다음 하루 단오장에 나가 모든 것을
발산하고 오는 것도 다 그런 마음이다.

강릉단오제는 우리나라의 중요무형문화재일 뿐만 아니라
유네스코가 지정한 무형문화유산 대표목록에 등재된 세계적인
문화축제이다. 강릉을 지키는 어머니와 같은 대관령의 신성함

영신제
강릉단오제를 즐기기위해 축제장으로 향하는 인파

과 경외로움을 남대천으로 옮겨놓고 벌이는 한마당 축제이다. 그 현장을 함께하기 위해 단옷날이면 지금도 전국에서 많은 인파가 강릉을 찾는다. 거기엔 무언가 특별한 것이 있기 때문이다.

삼가 아뢰옵니다

강릉단오제의 기원은 상고대의 제천의례와 대관령에 대한
강릉 사람들의 경외감에서 찾을 수 있다. 상고대 제천의례는 부
여의 영고, 고구려의 동맹, 동예의 무천 등이 있다. 여기에 동예
는 강릉과 가깝다. 시월 상달에 하늘에 제사하고 밤새 놀았다고
한다. 단오와는 계절적 차이를 보이지만 이미 오래 전부터 지역
적 축제가 있었던 것이다.

대관령은 강릉의 진산으로 지역민들은 대관령산신이 강릉
지역의 모든 자연현상을 관장한다고 믿었다. 『고려사』 기록에
따르면 936년 명주성의 성주이자 지도자였던 순식은 고려의
통일전쟁에 참여하기 위해 대관령을 넘는다. 순식은 대관령에
이르러 이상한 사당을 발견하고 제상을 차리고 제사를 올린다.
무사히 원정을 마치고 돌아올 수 있도록 신의 가호를 빌었을 것
이다.

당시 어떤 신에게 빌었는지는 알 수 없다. 어떻게 제사를 지

냈는지도 모른다. 그저 제사를 지냈다는 것만 알 수 있다. 그리고 700여 년이 지난 후에 발간된 강릉의 향토지 『임영지』에는 대관령에 대해 다음과 같이 기록하고 있다.

> 왕순식이 고려 태조를 따라 남쪽을 정벌할 때, 꿈에 승속僧俗 두 신이 병사들을 이끌고 와 구해주었다. 깨어나서 싸움에 이기매 대관령에 제사하였는데 지금에 이르기까지 제사를 지내오고 있다.

이것은 대관령에서 지내는 제사가 고려 개국 때부터 18세기 초까지 계속 이어져 왔다는 것을 의미한다. 『임영지』의 기록보다 100여 년 앞서 허균은 강릉에서 본 단오제에 대한 이야기를 자신의 문집 『성소부부고』에 남긴다. 허균은 '산신은 신라 장군 김유신'이라는 향리의 말을 듣고 기록했다. 또한 대령에서 산신을 모시고 내려와 잡희를 베풀어 융숭히 대접한다고 상세히 서술해 놓았다. 이는 단오제의 모습을 처음 공개하는 기록이며 현재 강릉단오제의 정체성을 이해하는 데 결정적인 단서가 되고 있다.

일제강점기에 발간된 『증수임영지』에는 단오제의 모습이 더욱 자세히 기록되어 면면히 이어온 장구한 역사를 이해할 수 있다. 이때엔 산신이 아닌 국사가 등장한다. 그러면 국사는 누구인가. 조선총독부에서 발간한 『생활상태조사(3) 강릉군』에 범일국사가 바로 대관령 성황사의 주인이라고 밝히고 있다.

그리고 1966년, 민속학자 임동권 교수에 의해 강릉단오제는 오늘의 모습처럼 재구성된다. 1967년 강릉단오제는 제례, 관노가면극, 무당굿 등 3개 분야를 중심으로 국가 중요무형문화재 제13호로 지정되면서 새로운 전기를 마련하였다.

문화재 지정을 계기로 강릉에서는 강릉단오제전위원회가 발족하는 등 새로운 전기를 맞는다. 강릉단오제를 꾸준히 지켜보았거나 함께해 온 나이 든 분들의 고증으로 옛 모습에 가깝게 접근할 수 있었다. 다행스런 것은 민속의 시계는 아주 천천히 흐른다는 점이다. 덕분에 현재 펼쳐진 상황을 통해 과거의 일을 들추어 볼 수 있다.

특히 관노가면극은 이미 전승이 끊어진 상태였으나 예전에 가면극에 참여했거나 그것을 지켜본 노인들의 인터뷰를 통해 복원했다. 이런 과정을 거쳐 강릉단오제는 오늘날의 모습으로 재편성되고 전통을 존중하되 현대사회의 요구에 맞추어 늘 새롭게 조직되는 도시축제로서의 성격을 유지하고 있다.

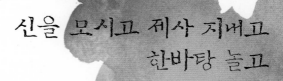

신을 모시고 제사 지내고 한바탕 놀고

　　강릉단오제는 하늘에서 뚝 떨어지는 행사가 아니다. 50여 일간의 기다림 속에 찾아오는 해방의 날이다. 음력 3월 20일 도가에서 술을 담갔으나 최근부터는 음력 4월 5일 술을 담근다. 이 술은 4월 15일 대관령에서 열리는 산신제 및 국사성황제의 제주로 쓰인다. 예로부터 술은 천상과 지상의 영혼을 연결하는 음식으로 믿었다. 술은 곧 신과의 교통로이며 또한 신의 상징이기도 하다.

　　신주빛기는 강릉단오제가 가진 또 하나의 축제이다. 강릉 시민들은 신주를 빚는 날이면 쌀을 들고 축제의 현장인 칠사당으로 향한다. 칠사당 대청은 하얀 쌀자루로 가득하고 무녀의 부정굿은 어느 때 보다 힘이 넘친다. 이날 봉정된 쌀은 술과 떡이 된다. 그리고 곧 열릴 산신제를 비롯한 강릉단오제 공식행사에 함께한 시민들과 관광객들에게 무료로 제공된다. 더욱이 근래에 와서 떡은 수험생들의 수능대박과 각종 시험에 대한 합격기

신주를 빚을 쌀을 올리는 시민들

원, 재물수라는 소문이 돌면서 더욱 인기가 높다.

축제는 신을 모시고 제사하고 한바탕 놀고 보내는 절차 속에 있다. 농경문화를 기반으로 하던 시절의 축제는 말 그대로 마음속의 바라는 바를 기원하고 제사하는 자리였다. 신은 만물을 지배할 뿐 아니라 풍흉과 인간사의 길흉화복, 무병장수를 좌우한다고 믿었기 때문에 사람이 신에게 기대는 것은 너무도 당연한 일이다.

대관령 능경봉에서 선자령으로 이어지는 능선 아래 강릉단오제 주신들이 좌정하고 있다. 국사성황 범일국사를 모신 성황사, 산신 김유신을 모신 산신당이 있고, 기도처인 칠성당과 샘물 용정이 한자리에 모여 있다.

이곳은 단오굿을 이끄는 제관들이 용정의 맑은 물로 메(밥)를 짓고 정화수를 떠서 신에게 정성을 드리는 곳이며, 지역민들

신주빚기

에게는 신이 존재하고 머물러 있는 공간이다. 신성한 공간으로 성역이며, 신에게 제의를 행하는 제장이다. 성황사와 산신당, 칠성당과 용정이 서로 보완하면서 성역으로서의 역할을 다하고 있다. 이 공간에서 산신제와 국사성황제와 국사성황의 신체神体 역할을 다할 신목이 완성된다.

대관령산신은 신라 장군 김유신이다. 허균의 기록에 따르면 '공은 어려서 강릉에서 공부하고 칼을 만들어 삼국을 통일하고 대관령산신으로 좌정하였다'고 했다. 김유신에 대한 이야기는 강릉의 곳곳에 남아 있다. 송정은 김유신이 군사를 훈련시키던 장소이며, 화부산은 말갈과 대치했던 장소였다. 지금도 화부산에는 김유신을 모신 화부산사가 있어 봄·가을로 제사를 지낸다.

국사성황 범일국사는 신라 말의 선종스님이다. 강릉에서 태어나 굴산사에서 입적하였다. 중국 유학까지 다녀온 당대의 지식인으로 선종 사상을 받아들여 사굴산문을 창시한 실제인물이다. 그렇지만 민중에게 범일은 신화 속의 영웅 같은 모습으로 다가온다. 신기한 탄생설화와 난관을 극복하고 대업을 이루는 영웅담을 만들어 사후에 지역 수호신으로 좌정시킨 것이다.

설화에서 옹달샘에 비친 태양을 삼킨 처녀가 임신하여 태어난 범일은 곧 버려진다. 하지만 학의 도움으로 비범함을 인정받고 자라서 중국으로 유학을 다녀와 많은 공덕을 쌓는다. 시대를 초월하여 왜구가 쳐들어왔을 때는 대관령에서 도술을 부려 왜구를 물리쳐 민중을 구하기도 했다.

여성황은 국사성황의 부인이다. 여성황(정씨 여인)에 대한 기록과 구전은 조금씩 다른 이본들이 있다. 강릉시 남문동 경방에 머물고 있다가 국사성황의 명령을 받은 호랑이에게 업혀갔다. 호환을 당한 것이다. 민중은 정씨 여인의 호환을 이종혼배, 신과 인간의 결합으로 스토리텔링했다. 여성황을 맞기 위한 스토리보드를 짠 것이다. 여기에는 무교적 세계관도 한몫을 했다. 무교에서는 정상적인 죽음보다는 비정상적인 죽음에 관심을 둔다. 억울한 원

대관령국사여성황제

혼이 구천을 떠돌면서 인간에게 해를 입힐 수 있다고 믿기 때문이다. 원혼을 달래기 위해 굿판을 벌이기도 한다.

강릉단오제는 음력 5월 5일 단옷날만이 아니라 단오 전후로 여러 절차를 갖추어 치루는 지역공동체적인 의례이다. 예부터 우리 민족은 기수(홀수)를 상서롭게 여겨 기수가 겹치는 1월 1일 설, 3월 3일 삼짇날, 5월 5일 단오, 7월 7일 칠석, 9월 9일 중구를 신성시했다. 단오는 기수 중에도 정중앙에 위치하고 사계절 가운데 여름의 초입으로 양의 기운이 가장 충만한 날이다.

때문에 음식 탈이 많고 전염병이 창궐하는 여름을 대비하기 위한 여러 장치가 필요했고 그것을 준비하는 과정이 축제가 되었다. 계절에 따른 단오의 대표적인 풍속은 창포물에 머리감기이다. 씻김이라는 일종의 물맞이 행사이다. 여름을 대비해 긴 머리를 풀어 창포물로 감음으로써 머리도 청결하게 하고 그걸로 모든 재액을 씻어낸다는 의미가 있다. 못된 귀신을 물리치는 부적과 명을 길게 늘리는 장명루, 혹은 상한 음식을 먹거나 체했을 때의 비상약품인 옥추단 등 많은 풍속들이 전한다. 재미있는 것은 세시풍속으로서의 단오에 대해 한·중·일이 같은 개념을 사용하고 같은 이상을 추구한다는 점이다.

강릉에서 단옷날이면 단오제를 비롯한 세시민속을 함께 보고 즐길 수 있어 '단오'와 '단오제'를 같은 것으로 이해하고 있지만 엄밀히 따지면 다르다. 글자 한 자 차이지만, 우선 단오는 세시의 명절이고, 단오제는 단옷날에 신에게 드리는 제사와 축제의 의미를 포함한다.

이 축제의 판타지는 어디서 오나

강릉단오제의 캐릭터들은 판타지 영화처럼 하늘과 땅과 바다, 천계와 속세를 연결하고 오르내린다. 단군신화를 보면 환웅은 태백산 신단수로 강림하고, 신라의 박혁거세는 양산에서, 가야의 수로왕은 구지봉에서 하늘의 기운을 받아 탄생한다. 육지에서 우뚝 솟아오른 산이 하늘로 연결되는 통로였듯이 산신제와 국사성황제가 열리는 대관령 정상도 천상과 연결되는 통로인 것이다.

산신제에 이어 국사성황제를 마친 무당과 신장부(신목잡이)는 국사성황이 하늘에서 내려오는 신목을 찾아 나선다. 대관령 정상 부근에 서 있는 단풍나무에 국사성황이 강림하면 바로 그 나무를 신목으로 모시고 성황사로 돌아온다. 이제 막 잎이 돋아난 단풍나무는 인간의 소원으로 치장하면서 품격이 달라진다. 민중들은 소원을 적은 울긋불긋한 예단을 신목에 옷을 입히듯 건다. 이 행위는 눈으로 볼 수 없는 국사성황을 민중의 소망을

대관령국사성황행차

가득 담은 신목, 가시적이고 현실적인 존재로 탄생시키는 장쾌한 퍼포먼스이다.

울긋불긋한 예단으로 구색을 갖춘 국사성황은 대관령 자락을 내려와 산 아랫마을 구산에 도착한다. 국사성황이 인간계로 들어서면서 처음 맞는 구산성황은 아들성황이라고도 한다. 성황당은 보통 토지지신, 전염병을 다루는 여역지신, 성황신을 모시는 것이 상례이다. 구산에는 영산신 한 분을 더 모시는데 이것을 국사성황의 아들이라고 부르는 것이다.

신목은 국사성황의 탄생설화가 생생하게 전하는 구정면 학산리에 들러 그곳 성황당에서 제사를 지내고 굿을 벌인 뒤 국사여성황당으로 향한다. 국사성황이 부인을 만나 본제까지 함께한다. 이를 통하여 남녀, 음양의 화합과 조화를 추구하는 강릉단오제의 이념을 가늠할 수 있다.

보름을 함께 보낸 국사성황 부부는 음력 5월 3일 국사여성황사에서 제사를 받고 남대천 단오장에 있는 제단으로 자리를 옮긴다. 부부는 먼저 여성황의 친정인 경방댁에서 제사와 굿을 받는다. 옛날에는 강릉 시민들이 구산에서 횃불을 들고 신목을 맞았고, 영산홍가를 부르면서 강릉으로 향했다.

> 꽃밭일레 꽃밭일레 사월 보름날 꽃밭일레
> 어얼싸 지화자자 영산홍
> 명산일레 명산일레 대관령이 명산일레

지화자자 영산홍

일년에 한번밖에 못 만나는 우리 연분

지화자자 영산홍

(후략)

성황부부의 이동을 영신행차라고 한다. 행차에 참여하는 강릉 시민과 관광객들은 지정된 장소에서 기다리고 있다가 신목이 가까이 오면 횃불을 밝히고 연산홍가를 부르며 신을 맞는다. 신을 맞이한 시민들은 신목 뒤에 행렬을 이루어 중앙로, 옥천오거리를 거쳐 중앙시장을 돌아 남대천 제단으로 행차한다. 신목이 제단에 이르면 무녀들과 악사들이 한바탕 굿판을 펼쳐 신의 좌정을 알린다. 문굿으로 단오제의 문을 열면 하늘에서는 폭죽이 터지며 불꽃을 수놓고 축제 분위기를 고조시킨다.

이튿날부터 강릉단오제 본제가 시작된다. 제단에서는 오전 10시부터 유교식 제례가 시작되고 이어서 무속 제례가 펼쳐진다. 종교가 달라도 '청신-오신-송신'이라는 제례 절차는 대동소이하다. 청신은 신을 불러 모시는 첫 절차이고, 오신은 신을 받들어 즐겁게 하는 것이다. 오신 과정이 곧 축제라고 볼 수 있다. 그리고 마지막으로 신을 다시 보내드리는 것을 송신이라고 한다.

강릉단오제는 한때 강릉단오굿으로 불렸을 만큼 무속적 색채가 강하다. 비록 현대의 보편종교로 발전하지는 못하였지만 하나의 신앙체계이다. 하늘신·땅신·산신 등의 자연신과 시조신 그리고 조상들이 각기 종횡으로 기능을 담당하는 신계가 잘 짜여있다. 우리 전통문화에서 굿은 곧 판타지다. 굿에는 인간의 삶을 관장하는 신들의 이야기가 생과 사를 넘나들며 폭넓은 스케일로 펼쳐진다. 무속굿은 나쁜 액을 막고 복을 부르며 무병장수를 기원한다. 생로병사에 대한 인간의 삶을 풍부한 스토리텔링으로 풀어내는 최고의 엔터테인먼트이다.

이를 증명하듯 단오장의 제단(굿당)은 상징물로 가득하다. 굿당의 꽃은 지화로 장식된다. 지화는 사람 손으로 일일이 접어서 정성을 들여 만드는 꽃이다. 꽃의 상징은 아름다움이지만 무속에서는 생명이다.

종이꽃(지화)

꽃에는 상상의 세계가 있고 사람을 살려내는 생명의 원천이 깃들어 있다. 세존굿의 무가, 당금애기와 오구굿의 바리데기에서 보이는 운둔 발환화, 자진화, 목당화 등의 꽃은 죽은 사람도 살려낸다.

굿당 입구에는 호개등이 걸려 있다. 호개등은 하늘에서 혹은 키 큰 신령들이 보고 굿당을 잘 찾아오라는 의미를 가진 문패와 같은 역할을 한다. 신목을 중심으로 수박등 2개와 초롱등 2개 혹은 4개가 양쪽에 걸려있다. 탑등은 마늘등, 소고등, 팔모등 등이 차례차례 쌓여진 등으로 굿이 끝나고 신들이 타고 하늘로 돌아갈 때 필요한 등이다.

지등은 신들의 길을 안내한다. 호개등이 굿당을 찾아오기 위해 필요한 등이라면, 밤길을 오고가는 신을 위해서 초롱등이 있고, 물길을 이용할 신들을 위해 용선이 준비되어 있다. 지등 외부를 장식하는 문양은 무교의 세계관을 담고 있다. 색을 담은 종이는 비단을 상징

단오굿당에 걸린 호개등

하는데 비단은 옷감이다. 신들에게 옷을 지어 입으시라는 의미이다. 문양을 '사'라고 하는데 나비사는 영혼을 상징하며 물결사는 용왕신을 의미한다. 그리고 달사는 천지신명을, 산사는 산신을 의미한다.

굿하는 무당은 크게 강신무와 세습무로 나눌 수 있다. 강신무는 이제까지 무업과 관계없던 사람의 몸에 신이 들어서 내림굿을 받은 뒤 무업을 하는 무당이다. 세습무는 집안의 전통에 따라 무업을 이어가는 직업무당이다. 이들은 강신무에 비해 신력은 약해 보이지만 무업을 세습하면서 춤과 노래, 사설 등 여러 부분에서 숙련되어 기예가 뛰어나고 예술적 성향이 높은 것이 특징이다. 강릉단오굿은 세습무들이 이끌고 있다.

강릉단오제를 판타지의 세계로 몰고 가는 또 하나의 동력은 가면극이다. 더욱이 강릉관노가면극은 국내 유일의 무언가면극이다. 강릉단오제 기간 중에만 놀고 제의적인 성격을 가지고 있어 춤사위나 볼거리가 약해 보일 수는 있지만 그 속에 민중의 삶과 함께 해온 신들의 이야기가 있다.

관노가면극의 내용은 바라보기만 하면 어린아이들도 이해할 수 있을 만큼 단순하다. 그냥 단순하기만 한 것이 아니라 그 안에 희로애락이 담겨 있기 때문에 구경하는 재미가 저절로 난다. 양반과 소매각시가 사랑을 나누는데 시시딱딱이가 소매각시를 빼앗으며 훼방을 놓는다. 양반은 소매각시를 되찾아 왔지만 시시딱딱이와 어울린 동안의 정절을 의심한다. 여기에 격분한 소매각시는 자살소동을 일으켜 자신의 결백을 밝히고, 그것을 본 양반이 소매각시와

관노가면극

관노가면극 양반과 소매각시

화해함으로써 화합의 장을 만든다.

관노가면극 등장인물의 캐릭터는 독창적이다. 장자마리는 삼베포대를 머리부터 발끝까지 내려쓰고 있으며 배에는 둥근 테를 넣어 불룩하다. 머리에는 계화를 꽂았고 눈과 입, 코만 뚫어 놓았다. 옷에는 말치라는 해초와 곡식을 매달았다. 힘을 자

랑하고 성행위를 연상시키는 춤을 보여
주는데 이는 대관령 동쪽 농촌마을의
풍년과 바닷가마을의 풍어를 관장하는
곡수신을 연상하게 한다. 때문에 일체
의 생산을 담당하는 토지지신의 현신으
로 보아 무방하다.

　주인공 격인 양반광대는 흰 얼굴의
미남형, 청의도포에 부채, 무릎까지 내
려오는 긴 수염이 일품이다. 극 전체를
이끌며 화합과 화해라는 단오제의 이상
을 실현한다. 보통 탈춤에서 양반탈은
민중들의 비판과 질시의 대상이 되는데
강릉관노가면극의 양반광대는 타지역
가면극의 양반탈에 비해 크게 비판받지
않는다. 양반광대 가면의 머리에는 꿩
털 깃이 달려 있어 국사성황신의 현신
으로 보고 있다. 이렇게 보는 근거는 농악대를 상징하는 농기
끝에 달려 있는 꿩털을 꿩장목이라고 하는데, 이것은 농기의 깃
발에 신이 강림했다는 뜻이다.

　노랑저고리에 다홍치마를 입고 극을 장악하고 있는 소매각
시는 하얀 얼굴에 반달형 눈썹을 가지고 있으며 연지·곤지를 하
고 있다. 젊은데다가 곱고 예쁜 얼굴이다. 노랑저고리에 다홍치

마를 입는다는 것은 색의 상징성으로 보아 젊고 매력적인 여성임을 의미한다. 양반광대를 국사성황신의 현신으로 보듯 소매각시는 정씨녀, 국사여성황으로 보고 있다.

관노가면극에서 악역을 맡고 있는 시시딱딱이는 장자마리와 마찬가지로 우리나라 타 지역 가면극에서 볼 수 없는 명칭이다. 베로 만든 청회색 장의를 입고 있으며 소매는 넓고 베 한필로 네 겹의 띠를 맨다. 최근 공연에서는 외투형식의 검은 옷을 입었다. 예전에 관노가면극을 보았던 노인들은 시시딱딱이가 얼굴에 오색 칠을 하고 코는 울뚝불뚝하며 입은 한자 오푼이나 째졌다고 고증하고 있다. 시시딱딱이는 험한 모습으로 홍역 등 질병이 가까이 접근하지 못하도록 막아주는 벽사신으로 여역신, 또는 창해역사로 보고 있다. 이처럼 관노가면극은 사람들의 놀이인 동시에 신들의 놀이이기도 하다.

소매각시

시시딱딱이

양반

단오장에 해방의 일탈이 없으면 무슨 재미랴

단오장
깃발 사진전

강릉단오제에서 또 하나의 특별한 것이 있다면 바로 난장이다. 이 난장은 제의를 가지고 섰기 때문에 무질서하다는 뜻의 난장판과는 구분해야 한다. 오늘날 강릉단오제의 규모가 나날이 확대되고 있는 이유 중에 난장의 공헌을 빼놓을 수 없다. 강릉단오제가 연인원 100만 명을 헤아리는 세계적인 축제로 성장할 수 있는 동력 중에 난장의 역할이 크다.

강릉단오제 기간에는 난장에서 일어나는 일 중에 평소 흉이 될 수 있는 일탈조차 긍정적으로 이해하고 너그럽게 용서하는 분위기다. 난장에는 씨름과 그네, 투호 등 민속놀이를 비롯한 각종 놀이가 펼쳐지고 상점이 몰린 곳에는 뽑기, 고리 던지기, 동전던지기 등 오락성 놀이가 지나가는

강릉단오제 난장 풍경

구경꾼을 유혹한다. 인파로 붐비는 널찍한 곳에는 희극적 분장을 하고 노래와 춤, 기예를 선보이며 엿을 파는 품바공연도 난장이기에 볼 수 있는 오락적 공연이 되는 것이다.

　강릉단오제 난장은 그간 억눌러 두었던 쇼핑욕구와 새로운 맛을 즐기며 해방감을 느낄 수 있는 곳이기도 하다. 난장에서는 물건이 엄청 싸다. 질적인 문제는 차제하고 가격은 시중 가격과 비교가 되지 않는다. 더욱이 파장이 가까이 오면 가격은 더욱 곤두박질친다. 어려웠던 시절에 단오장은 서민들이 신상품을 보고 생필품을 조달하는 최적지였을 것이다. 최근에는 다문

신통대길 길놀이

화의 바람을 타고 세계 각국의 희귀한 물건들이 경연을 벌이듯
줄지어 손님을 기다린다.

난장에는 전국의 맛있는 요리가 총출동한다. 덕분에 단오제
기간 중에 강릉의 계모임, 회식, 동문회 등은 어떻게든 핑계를
만들어 난장을 찾는다. 단오제 기간 내내 난장 또한 굿당 만큼
이나 축제의 장인 것이다. 단옷날이 되면 부모님과 아이들에게
꼭 단오 용돈을 챙겨주었다. 단오 때가 되면 주머니 사정이 여
의치 않은 직장인은 단오가불을 하기도 했다. 또 인심 좋은 사
장님은 직원들에게 단오보너스를 지급한다. 그래야 직성이 풀

린다고 한다. 추석보너스는 없어도 단오보너스는 꼭 있어 왔다. 서울이나 객지로 나갔던 친구들도 단오 때면 고향을 찾아온다.

그래서 단오장은 만남의 장소이며 그동안 쌓였던 회포를 풀어내는 해방공간이다. 계엄과 통행금지 등으로 정국이 얼었던 시절에도 단오장은 통금이 없는 해방구였다. 무질서와 질서가 공존하고, 혼돈과 혼란을 풀어내고 내일을 위해 스트레스와 삶의 무게를 털어내는 해방공간이 난장인 것이다. 강릉 시민들은 단오기간 중에 한번이라도 단오장과 난장을 찾지 않는다면 좀이 쑤셔서 못 견딘다는 말이 있다. 가지 않으면 뭔가 잃어버린 느낌을 갖는다. 왠지 나만 그 축제로부터 소외되는 기분이 드는 것이다. 이런 의식을 학자들은 집단무의식으로 해석한다.

신통대길 길놀이는 강릉단오제의 길놀이 전통을 바탕으로 재창조된 콘텐츠이다. 길 위에서의 놀이와 볼거리를 비롯하여 강릉의 구석구석을 널리 알릴 수 있는 관광·문화콘텐츠를 발굴하여 그것을 길놀이 축제로 발전시킨 것이다. 굿당이나 난장과 마찬가지로 강릉단오제를 대표하는 또 하나의 노상축제 프로그램이다.

이것은 강릉단오제의 전통과 정체성에 접목시킨 신개념의 길놀이로 시민들의 자발적인 퍼레이드라고 할 수 있다. 짧은 기간임에도 불구하고 지역민들 사이에서는 상호교류의 장, 화합과 조화라는 강릉단오제의 이념을 아우르는 문화콘텐츠로 빠르게 자리매김하고 있다.

브라질 삼바 이상의
세계적 축제

    송신제는 강릉단오제 기간 중에 지내는 9번의 제사 중에 마지막 의례이다. 음력 5월 7일 오후 늦은 시간에 강릉단오장 가설제단에서 열린다. 이날 제의는 강릉단오제보존회장이 초헌관으로 참석하고 강릉단오제 관련인사들이 모두 참석하여 유종의 미를 거두기 위해 정성스레 제사를 지낸다. 제의가 끝나면 무당이 굿당 한가운데에 모셔놓은 신목을 내려 대관령에서부터 모셔온 국사성황신이 제례와 굿을 잘 받으셨는지 확인한다.

    송신제에 참석했던 시민과 관광객은 제단을 장식하였던 지화와 지등, 용선 등을 하나씩 들고 남대천 변으로 자리를 옮긴다. 모래톱에 그것을 모아놓고 신목과 함께 태운다. 강릉단오제 기간 동안 제단을 수놓았던 소품들이 불에 타는 동안 무당과 참석자들은 두 손을 모아 빌고 절을 한다. 신과 작별하는 모습은 애잔하고 사뭇 경건하다. 이것으로 강릉단오제는 공식일정을 마친다.

신은 대관령으로, 인간은 일상으로 돌아간다. 일탈에서 다시 일상으로의 회귀는 축제가 가진 목적 중 하나이다. 그렇기 때문에 늘 아쉬움이 남는다. 무엇을 더 했어야 했고, 무엇을 더 봤어야 했다. 내년에는 틀림없이 그 일을 하고 말겠다고 다짐하면서 사람들은 다시 내년의 단오를 기다린다. 그것이 우리의 축제적 삶이기 때문이다.

현대 과학은 참으로 많은 것들을 밝혀 주었다. 예부터 전해오던 가정신앙과 산신, 성황신들은 눈부신 과학의 발전 앞에 신비감을 잃은 지 오래이다. 매사 지나칠 만큼 효율성을 따지고, 이성적 판단으로 살아가는 현대인들에게 전통적이고 민속적인 축제는 과거의 전통일 뿐 그 이상 아무것도 아닐 수 있다. 민속축제는 비생산적이며, 낭비적이고 소비성향도 높다. 따라서 효율성만 따진다면 축제에 참여하고 그것을 이끌어간다는 것이 시간낭비처럼 보일 수 있다.

그러나 축제현장 상황은 우리의 예상을 초월한다. 수많은 인파들이 강릉단오제 축제현장에 몰려든다. 지방자치체가 시행되면서 가장 많이 생긴 행사가 바로 지역 축제이다. 한때는 축제 때문에 나라가 망할 것이라는 우려가 나올 만큼 우후죽순처럼 축제가 성행하였다. 각종 이벤트도 있고 발표회도 있고, 비엔날레와 엑스포 등 다양한 형식의 축제가 있다. 현재 국내에 시행되고 있는 축제만도 1,000여 개가 넘는다고 한다. 앞으로도 더 생기면 생겼지 줄지는 않을 것으로 예견하고 있다. 이것이 무엇을 의미하는가. 축제는 결코 우리 삶에서 떼려야 뗄 수 없는 필수 조건임을 확인시키고, 현실이 이미 증명하고 있다. 우리나라의 많은 축제 가운데 강릉단오제는 유네스코까지 등재된 세계적인 축제로 우뚝 섰다. 인류가 지켜보는 축제가 매년 우리 곁에서 나와 이웃이 함께 한 우리 손으로 열린다는 사실보다 더 큰 축복이 어디 있겠는가.

소제(환우굿)

일국사는 810년 정월 지금의 강릉시 구정면 학산리에서 출생하셨습니다. 15세에 출가하여
입산수도 후 20세에 이르러 경주에서 구족계를 받으셨습니다. 이후 당나라에서 유학 후 귀
백달산에서 정진하던 중 851년, 41세에 굴산사로 오시게 되었습니다. 이때부터 범일국사는
다해 선종불교를 전파하고 제자를 양성하는 데 힘을 쏟은 결과 신라 구산선문의 하나인 사
을 개창하시게 되었습니다.

일국사는 수차례에 걸친 국사의 청을 거절하시고 평생 굴산사를 지키며 선종 확산에 크게
여 훗날 조계종 성립의 밑거름을 일구셨습니다. 국사께서는 889년 향년 79세로 굴산사에서
셨는데 입적 후에는 고려와 조선 그리고 현대에 이르는 역사 속에서 강원 영동 지역을 수호
대관령국사성황신으로 모셔져 추앙받고 있습니다.

아서는 한국 불교의 큰 스승으로, 입적 후에는 지역의 수호신으로 오늘날까지 모셔지고 있

일국사!

대체 어떻게 한 인물이 1200년이라는 긴 시간이 무색할 만큼 우리 가까이 존재할 수 있을까
번쯤 궁금하지 않을 수 없습니다.

큰스님, 대관령 산이 되다》는 이처럼 누구나 한번쯤 가져봄 직한 범일국사에 대한 궁금증을
풀어보자는 의도에서 출발하였습니다. 역사, 민속, 고고학, 문화콘텐츠 등 여러 분야의 전문
각 분야별로 범일국사의 이야기를 쉽게 풀어냄으로써, 범일국사의 생애와 존재가치 그리고
역의 역사적 변천 과정을 이해할 수 있는 그런 책을 만들어보았습니다.

무조록 이 책을 통해 그동안 잘 알지 못했던 범일국사에 대한 이해와 문화의 흐름을 이해하
회가 되길 기원합니다.

유물

유적과

08

성황사도 여러 종류가
있었구나

이규대(강릉원주대학교 사학과 교수)

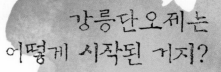

강릉단오제는 어떻게 시작된 거지?

　　강릉단오제는 천년의 축제라고 한다. 축제의 원년을 언제로 보아야 할 것인지는 분명하지 않지만, 적어도 고려와 조선을 아우르는 중세사회 천년을 경과하였음을 분명히 하는 대목이다. 그렇다고 고대사회 이전까지 역사를 마냥 소급할 성질의 것은 아니다. 동예의 무천, 고구려의 동맹, 부여의 영고, 삼한의 시월제 등에까지 연결 짓기에는 아직 많은 과제가 남아 있는 듯하다.

　　오랜 역사를 가지고 전승되고 있는 강릉단오제는 지방문화 축제이다. 이 지방의 공동체적 결속과 풍요와 안녕을 기원하는 제의를 거행하며, 이를 통해 사회질서와 지방의 발전을 모색하는 미래지향성을 가진 축제이다. 지나온 세월에 대한 감사하는 마음과 살아갈 세월을 기원하는 마음을 하나로 담아내는 제의요 축제이다.

　　강릉단오제는 단오 명절날에 거행되는 성황제라는 특성을

가지고 있다. 명절의 즐거움과 성황신의 은혜에 감사하는 마음이 하나로 묶여 있다. 이를 이중적 구조라고 보아도 될 것이다. 이를 골격으로 민초들의 신명나는 유희와 몸짓이 묶이면서 하나의 축제로 정립된다. 이것을 강릉단오제의 정체성으로 보아도 좋을 것이다.

이 정체성은 전통축제로서의 강릉단오제를 길이 전승해 갈 생명력을 위해서도 분명히 해둘 필요가 있다. 수릿날에 거행되는 제의이니 단오 명절제의라는 데는 이의가 있을 수 없다. 그리고 강릉농악에서도, 관노가면극에서도 성황신이 등장한다. 대관령 길목에 세워진 성황사에서 시내 관아터의 대성황사로 맞이하여 모시는 국사성황신도 강릉을 통섭하는 성황신이다. 이렇게 보면 성황제라는 성격을 부정할 근거도 없다.

가끔, 아주 가끔은 강릉단오제를 산신제로 보려는 시각을 접하게 된다. 대관령이라는 산중에서 신을 모셔온다고 해서 산신제라고 보려는 것인가. 어느 한 시기에 산신인 김유신을 신격으로 모셔왔다고 해서 그러는 것일까. 이런 인식은 옳지 않다. 강릉단오제의 정체성에 혼동만 야기할 뿐이다.

강릉단오제의 역사를 통찰할 때, 단옷날 거행되는 성황제가 이 축제의 골격이라는 사실을 잊지 말자. 단오 명절이 그러하듯 성황제는 강릉만이 가지고 있는 별난 문화는 아니다. 전국의 모든 도시들이 가지고 있는 문화이다. 이것이 문화의 보편성이다.

보편적인 문화로서 성황제에서 각 지방도시마다 특수한 상황은 무엇일까. 문화의 특수성이라는 시각에서 이점은 매우 주목된다. 이것을 설명할 수 있다면, 이것이야말로 강릉단오제의 정체성으로 이해될 수 있는 대목이 될 것이다.

이것은 성황신의 모습에서 찾아야 한다. 도시마다 성황신의 모습이 다르다는 점을 주목해야 한다. 물론 조선 건국 초기에는 전국의 모든 성황사에 주신의 모습을 위패로 획일화했던 적도 있다. 그러나 이 정책에도 불구하고 신상이나 신물은 여전히 관행에 힘입어 전승되었다. 강릉 지방 성황신의 모습이 새삼 주목되는 이유가 여기에 있다.

강릉단오제의 주신은 모두가 알듯이 대관령국사성황신이고, 선승 범일국사로 실존했던 인물이 주신으로 모셔져 있다. 따라서 강릉단오제의 특수성은 범일국사와 관련하여 설명되어야 마땅하다. 누가 어떻게 모셨을까. 아직은 더 많은 설명이 필요한 과제로 남아 있다. 다만 범일국사와 강릉 사람들의 친연성이 토대가 되었다는 점은 분명하다. 이런 과제를 풀어가는 작업은 곧 강릉의 역사를 정리하는 작업이기도 하다.

오랜 역사만큼이나 강릉단오제의 모습, 그리고 성황신의 모습도 분명 많은 변화를 겪었다. 더욱이 조선 국가에서는 성황제를 의례화시키려고 했다. 이렇듯 강릉단오제는 국가정책과 무관할 수 없었다. 국가의 기본정책과 교섭하면서 강릉단오제의 모습도 변할 수밖에 없었다.

강릉단오제 연구는 이런 변화를 주목해야 한다. 잉태되고,

정립되고, 변모하고, 다시 재정립되었을 것이다. 그리고 지금 우리시대에는 어떤 모습으로 변화하고, 내일에는 다시 어떻게 정립되어 갈까. 이 변화를 이끌어낸 주체가 누구였을까. 또한 이렇게 정립시킨 주체들은 누구였을까. 결코 소홀히 할 수 없는 과제이지만, 지금까지는 그렇게 주목받지 못했다. 이것이야말로 바로 우리시대가 극복해야 할 과제들이 아니겠는가.

　　이런 시각을 가진다면, 강릉단오제의 스토리는 더욱 다양하게 서술될 수 있을 것이고, 이로부터 더욱 감동적인 우리지방의 이야기 거리를 만들 수 있을 것이다. 이 모든 것을 이제는 과제로 삼고, 풀어 나가는 자세를 갖자고 제안하고 싶다.

아하,
이래서 성황제를 지냈군

조선이 건국되면서 정치·행정조직이 갖추어지고, 바른 정치는 반드시 예禮를 기본으로 한다는 명분에 따라 예제가 정비되었다. 신왕조의 통치이념을 구현하기 위한 예제의 총체적인 개편안이 마련되면서 성황제는 사전(제사를 지내는 예에 관한 법)의 정비 차원에서 논의 되었다. 성황제에 관한 조정의 논의는 비교적 이른 시기에 시작되었다. 이것은 새 왕조 개국 직후 정치체제 정비에 대한 조정의 입장표명이라는 성격을 띠고 있었다. 그리고 그것은 여말 친명정책을 표방하던 시기에 명나라로부터 전달된 성황제 개편안이 참조되었고, 그것은 또한 명나라에서 간행한 『홍무예제』를 준용하는 것이었다.

조선 개국 초기에 조정에서 제시한 성황제 개편안을 살펴보면 다음과 같다. 군현 단위로 성황신의 호칭은 지역의 이름을 따 강릉의 경우 '강릉대호부 성황지신'으로 정하고, 신위를 모시는 나무패를 설치하고 수령이 주관하여 봄가을로 제사를 지내며 제사에 올리는 전물과 그릇과 술을 올리는 예법을 조정에서 정한 예제를 따르도록 규정하고 있다. 이 규정을 통해 우리는 두 가지 사실을 알 수 있다. 일차적으로 새로 개국한 조선왕조에서 성황제를 수용하겠다는 입장 표현을 한 것이며, 아울러 『홍무예제』를 표방한 개편안을 마련하고 이것을 관철시켜 나가겠다는 의지를 밝히는 것이었다.

여기서 제시된 개편안은 그간 고려왕조에서 실시해온 관행을 부정한다는 특성을 갖는다. 성황신에게 부여되었던 작위를 부정하고, 성황당에 모셔졌던 각종 형태의 신물이나 신상을 부정하고, 지역토호(지역 실세)들의 역할을 부정하고, 지역사회에서 자의적으로 적용하였던 각종 의례행위를 부정하는 것을 특징으로 하고 있다.

이것은 새로운 국가의 통치이념을 구현한다는 명분을 내세운 것이었지만, 한편으로는 중앙과 지방의 역학관계를 새롭게 구축하려는 조정의 의지를 담은 것이었다. 다시 말해 고려왕조

대관령국사성황제 중 초헌관의 음복례
대관령국사성황을 모셔오는 대관령국사성황제는 강릉시장이 초헌관을 맡는다.

때 만연했던 지역토호들의 영향력을 일체 배제하고 중앙 집권
화를 강화하려는 성향을 담은 것이었다.

이 개편안은 조선 중기에도 반복적으로 강조된다. 순심별감

이 올린 보고서에 의해 산천단묘(산천에 제사를 단과 사당)의 개편 안이 마련되거나 성황사에 제사를 지내는 예법에 관한 개편안 은 반복적으로 나타난다. 이것은 조선왕조에 들어와 성황제 정책이 일관되게 유지되었음을 의미한다.

다만 질병과 가뭄과 수해가 크게 발생한 경우 그 지역의 성황신에게 관직이나 작위를 주는 것으로 재난을 극복하려는 시책이 추진되기도 했다. 또한 왕실과 특별한 인연을 맺고 있는 함흥·영흥·전주 등 지방의 성황제는 소사小祀로 정하여 따로 특별히 관리했다.

이런 예외적 양상은 조선 개국 이래 성황제 관행이 강고하게 전승되었음을 입증하는 사례들이다. 이런 상황에서 개편안 은 반복적으로 강조되면서 정제되어 갔음을 의미한다. 태종대 에서는 억울하게 죽은 원귀를 위한 여제厲祭, 토지와 곡식을 관장하는 신을 모신 사직단, 마을사람들의 강녕을 기원하는 포제 酺祭, 수해 같은 재앙을 막는 영제禜祭 등이 정비되어 기존의 성황제와 함께 군현에서 치제해야할 제의로 규정되었다.

세종 대에서는 소사로 등제되었던 함흥·영흥·전주 세 지방의 성황제마저 일반 군현과 동일하게 치제하도록 개편되었다. 이렇게 정제된 성황제는『국조오례의』길례 편으로 집성되었다. 이렇게 함으로 성황제는 대·중·소사로 등제된 제의가 아닌 군현의 수령이 올리는 제의 중 하나로 규정되고 있다.

이로써 조선 초기에 정립된 성황제는 건국 초기의 개편안이 법제화되면서 조정의 예제를 준용해 군현의 수령이 봄가을에 치제해야 할 제의 중 하나로 정착되어 갔다. 아울러 고려시대에 전승되어 온 관행을 전적으로 부정하고 있다는 특성을 갖는다. 이런 양상은 성황제를 전국적으로 획일화하여 이를 통해 신왕조의 건국이념을 구현하려는 조정의 의지가 담긴 것이다. 그간의 성황제에 투영되는 지방색을 철저하게 배제하고 수령권을 매개로 중앙집권화를 도모했다.

대관령에도 있었고
읍치에도 있었고

조선이 건국되면서 지방사회는 신분질서의 재편에 직면하게 된다. 고려시대 향리들은 읍사를 통해 지방사회를 실질적으로 지배하였다. 읍사란 무엇인가. 지방 향리조직의 기반이 되는 수령의 하부 행정체계이다. 이것을 고려시대엔 지방사회의 주도세력으로서 입지를 구축해 온 향리들이 장악했다.

조선이 건국되면서 향리세력은 유향소라는 지방자치조직을 결성하여 자신들의 입지를 유지하면서 새로운 변화에 대응했

강릉 지방 읍치(『여지도서』 중 강릉 편)

다. 이것은 지방 군현의 수령을 보좌하는 자문기관으로 수령 다음 가는 관청이라는 뜻으로 '이아'라고도 불렀다. 이들은 한편으로 과거제도를 통해 양반인 사족신분으로 발전하거나 다른 한편으로 읍사에 남아 향리세력

으로 온존하기도 했다. 사족들은 신왕조에 편향적인 모습으로 지방사회의 지배세력으로 자리 잡았고, 수령을 보좌했던 향리 세력은 수령권을 강화하는 조정의 지방통제정책에 따라 신분이 중인으로 강등되어 갔다.

조선 초기 법제화된 성황제가 정착되는 과정은 지방사회의 이런 변화와 맞물려 전개되었다. 새롭게 편제되는 지방행정 조직에 따라 모든 군현에 성황사가 마련됐고, 그것은 대부분 읍성으로 둘러싸인 내부 공간이자 군아가 있는 읍치에 건립되었다. 읍치는 관권(수령권)의 상징적 공간으로 이곳의 성황사는 수령이 주관하는 관주도적 성황제의 상징적 사당이었다.

성황사가 예전에도 읍치에 건립되었는지는 분명치 않다. 물론 그럴 수도 있지만, 고려시대엔 성황신이 지역토호들과의 친연성을 가졌던 상황을 염두에 두면 그 지방의 진산(고을을 지켜주는 산)이나 또 다른 성지에 성황사가 건립되었을 가능성도 있다. 따라서 읍치에 건립된 성황사는 국가정책에 따라 제의가 법제화되면서 새롭게 정비된 것이고, 여기에는 고려시대까지만 해도 보편적이었던 작호와 신상, 신물이 배제되고 위패만 봉안되었다. 조선시대의 이른바 읍치의 성황제가 상정된 것이다.

그러므로 강릉 지방의 대관령 성황사는 조선조 이전의 모습에서 연원을 찾아야 할 것이다. 대관령에 성황사가 설치된 것은 고려시대의 유풍으로 이해된다. 강릉 사람들에게 대관령은 삶의 터전이요 험난한 고갯마루였다. 그러기에 강릉 사람들은 이곳을 경외하였고 신성시했다. 이런 감성을 배경으로 대관령은 강릉의 진산으로 설정되었을 것이다.

특히 나말여초에 대관령은 강릉 제일의 관문으로 위상을 갖게 된다. 신라 천년의 역사에서 강릉 제일의 관문은 지금 강릉항이 있는 안목이었다. 강릉의 젖줄인 남대천과 동해 바다가 맞닿은 안목은 당시 중앙이었던 경주를 연결하는 제일의 관문 기능을 했다. 한송정·한송사를 비롯하여 화랑의 유적과 오늘날 꾸준히 발굴되는 이 시기의 매장문화재는 제일의 관문 안목의 위용으로 이해될 수 있다. 그런데 고려가 후삼국을 통일하고 이제 한반도의 중앙이 개성으로 옮겨지는 상황에서 강릉 제일의 관문은 대관령으로 옮겨졌다. 이제 새롭게 부상되는 대관령의 지정학적 입지는 이곳에 성황사가 건립되는 사회적 배경으로 이해될 수 있다.

이렇게 보면, 강릉 고을전체를 아우르는 성황사로서 대관령 성황사는 조선 초기 국가정책에 따라 읍치로 옮겨지는 양상으로 이해된다. 그런데 여기에 강릉 지방의 특수성이 내재되어 있다. 그것은 읍치에 성황사가 건립되었으면서도 대관령의 성황사가 온존했다는 사실이다. 이 점은 다른 도시의 성황제와 비교되는 대목이요 이 지방의 특수성으로 주목할 만하다. 여기에는 아마도 대관령을 신성하게 바라보는 이곳 사람들의 감성적 요인이 크게 작용하지 않았을까?그리고 그동안 정성스럽게 모셔 온 성황신 범일국사와의 친연성이라는 감성도 작용하지 않았을까?

이제 읍치의 성황제 모습을 통해 이런 양상을 살펴보자. 읍치의 성황제는 수령이 주제하는 관주도형 제의였으며, 조정의 예제를 준행하면서 춘추로 정례화된 제의이다. 그리고 지방사회에서 성황제의 실무를 담당하는 계층은 호장을 비롯한 향리세력이었다. 수령이 주제하는 제의에서 이들의 역할은 당연한 것이었고, 이로부터 제의에 소용되는 제반 경비는 관비로 지출되었다. 다만 이들 실무담당 계층의 사회적 존재 양태는 법제적 성황제가 정착되는 과정에서 중요 변수가 되었다.

이들의 역할은 지방행정을 담당하면서 수령을 보좌하는 것이었는데, 이들의 신분이 강등되면서 역할도 실무적인 것에 한정되었다. 그러나 이들이야말로 신분질서가 재편되기 전까지는 실제 이 지역을 지배하던 세력이었다. 오랜 세월 지역기반을 다지고 있던 이들의 속성은 새 왕조에 들어와 읍치 성황사에서 배제된 예전 성황의 신상과 신물에 친숙한 것이었다. 조선 초기 성황제에서 이제까지 익숙하게 해왔던 전대의 방식과 새롭게 법제화된 양태가 겹쳐 나타나는 것은 제의의 실무담당 계층이었던 이들의 성향에서 비롯된다고 할 수 있다. 따라서 지방사회 신분질서의 재편과정은 곧 법제적 성황제가 정착되는 과정으로도 이해될 수 있다.

조선 초기에 법제화된 성황제는 조정의 일관된 정책에 힘입어 일정하게 정착된다. 『신증동국여지승람』의 각 군현 사묘 편에서 파악되는 성황사는 이런 정황을 그대로 나타낸다. 성황사는 전국의 각 군현단위로 설치되었고, 그것들의 대부분은 지방 사회의 읍치에 위치하고 있다. 이렇게 전국적으로 획일적 양상을 보이는 것은 법제화된 성황제가 일정하게 관철되었음을 보여 준다. 이로서 '읍치의 성황제'는 개편된 사회질서를 구현하는 제의라는 의미를 갖는다.

한편 법제적 성황제의 정착에도 불구하고 이전 시대의 관행은 쉽게 사라지지 않았다. 법제적 규정에도 불구하고 그것이 철저하게 이행되지 않는다는 지적이 조정에서도 반복적으로 언급되었다. 새로운 법에 따라 철거되어야 할 신상과 신물이 다시 봉안되는 사태가 반복적으로 일어났으며, 개인적으로 성황사에서 치성을 드리는 행위는 음사로 규정되어 극력 제지되었다. 이런 양상들은 정책적 한계에서 비롯되는 것이기도 하지만, 이전의 관행 특히 성황신에 대한 수호신적 이미지가 워낙 강고한 데서 비롯된 것이었다.

이런 시각에서 '별제'라는 존재가 주목된다. 이른바 별제는 읍치의 성황제와 다른 또 하나의 성황제라는 의미에서 명명된 것이다. 별제는 그 의미상에서 법제화된 읍치의 성황제를 정형으로 인정하고 있다는 점에서 법제화 된 이후의 양태를 시사한다. 따라서 예전의 관행이 답습되는 형태의 성황제라고 보면 되겠다. 물론 이런 양태가 전국적인 양상이었는지는 분명치 않지만, 성황제가 법제화되면서 배제되었던 그 지역만의 독특한 성

황제의 유습을 이어가겠다는 지방사회의 동향을 반영하고 있다
는 점에서 주목된다.

　이런 별제의 양상은 조선 후기사회에서 호장을 비롯한 향리
세력의 성장과 맞물리면서 활성화 된다. 이시기 제의를 담당하
는 계층인 호장과 향리세력은 사회경제적 변화에 편승하여 강

조선후기 호장과 향리세력이 주도하던 제의가
현재는 지역인사와 기관장들이 헌관으로 참여하는 형태로 바뀌었다.
(음력 5월 5일 단오날은 강릉시장이 초헌관을 맡아 진행한다)

화된 자신들의 위상을 배경으로 별제를 활성화 시켰다. 여기에는 별제를 지방사회의 전통으로 인식하고 그 전통을 계승하려는 의식이 투영되었다. 이것은 지역 수령과 양반들에 대해 자신들의 존재와 세력을 드러내 보이고자 하는 중인들의 집단의식에 근거한다. 지역 고래의 전통계승을 통해 자신들의 역할을 강화함으로서 현실적인 신분한계를 극복하려는 의지가 담긴 것이었다.

이 시기 별제의 양상은 읍치에 소재한 성황사를 중심으로 치제되었다. 법제화 초기에 치워졌던 신상이 위패와 함께 봉안되고, 유교적 제례와 불교적 요소를 포함하는 무속적 의례가 병행되었다. 이런 양상은 고려시대에 토호로서 읍사를 주도하였던 호장층의 역할을 계승한다는 명분을 갖는 것이었으며, 아울러 유교질서를 구현하는 자신들의 입지가 반영된 것이기도 했다. 이런 습합적 양상은 적어도 전대의 성황제를 인지하고 있었던 데서 비롯되는 것으로 지방사회의 정서적 특성으로 이해되며, 그것은 성황의식이 뿌리 깊게 자리 잡은 기층민의 정서에 기반을 둔 것이었다.

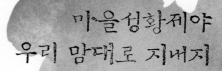

지금도 도시 외곽의 농·어·산촌에는 마을마다 성황당이 전
승되며, 마을공동체가 주체가 되어 성황제를 치른다. 이것이 바
로 마을성황제이다. 물론 도심권에서도 마을 단위로 각기 성황
제를 치러왔겠지만 도시개발에 밀려 마을공동체가 해체되면서
그 명맥이 단절되었다.

마을성황제는 산신제와 구별되는 제의이다. 산신제가 같은
산자락에 형성된 여러 마을이 함께 치르는 제의라면 성황제는
각각의 마을에서 치르는 제의였다. 마을 성황제는 반·민촌을 막
론하고 마을공동체에서 제를 올리는 가장 보편적인 문화였다.

조선시대 마을공동체는 부단히 성장하였고 중기에 이르면
서 면리面里조직으로 편제되었다. 이는 군현제의 하부구조이다.
면리조직은 사회경제적 발전에 편승하여 각기 인구와 경지면적
을 확보하여 마을공동체적 질서가 구축되는 데 기반을 두고 있
다. 사회경제적 성장에 힘입어 생활공동체가 분화 발전하면서

마을 성황당의 다양한 형태

면리조직은 확대 재편되었고, 각기 자체적 결속과 상호간의 유
대와 연계를 구축하면서 정착되어 갔다.

　　마을성황제는 마을공동체 형성을 배경으로 생성된다. 그리
고 마을공동체의 성장은 그 조직의 확대 재편으로 이어지면서 마
을의 성황제 역시 분화되어 확산되는 것으로 보인다. 예컨대 '본

동', '윗마을', '아랫마을', '큰마을', '작은마을' 등이 마을공동체의 가름 양상을 보여주는 것이라면, 이들 마을에 설립된 각각의 성황당은 일정 단위로 마을을 가름이 마을성황제의 분화와 함께 병행되었음을 시사한다. 이처럼 면리조직의 확대 재편은 곧 마을성황제의 분화 재편을 수반하는 것이었다.

거시적 시각에서 지방도시의 발달 형태는 읍치로부터 외곽으로 전개되었다. 읍치는 인구가 집중된 곳, 관아가 집중된 곳, 국가 권력과 직결되는 곳으로 그 지방에서 가장 번화한 공간이었다. 사회경제적 변화에 따른 도시개발은 읍치로부터 시작해 외곽으로 이어진다. 새로운 농법의 도입, 새로운 시장의 형성, 새로운 도로의 개설과 역원의 설립, 이주민의 정착 등을 계기로 읍치 외곽에 새로운 마을이 형성되고 발전한다. 지방사회의 중심권이었던 읍치의 문화가 외곽의 마을공동체로 전이되는 것 또한 자연스럽다고 할 것이다.

여기에 성황제 역시 예외는 아니었다. 읍치의 성황제는 읍치 외곽에 자리 잡은 마을공동체로 전이된다. 마을성황제에서 모시는 성황지신·토지지신·여역지신 등의 위패와 제를 지낼 때에 쓰는 축문과 상 위에 제수를 진설하는 방법, 도가의 운영 등 유교적 의례 또한 읍치의 성황제를 따라한 것이었다. 마을공동

체마다 성황당을 마련하고 저마다 제를 올리지만 마을성황제가
일정하게 정형을 갖추고 있는 것 또한 읍치의 성황제를 본으로
삼은 데서 비롯된 양상이다.

그러나 읍치성황제와 달리 마을성황제는 법제적 규제로부
터 비교적 자유로웠다. 법제적 제의인 읍치의 성황제를 모범으
로 삼기는 하지만 마을성황제는 마을 구성원들의 자율적 의지
에 따라 치른다. 조선 중기 이래로 생활전반에 유교적 의례가
일상화 되면서 마을 성황제는 읍치성황제를 전범으로 삼을 뿐
특별히 법제적으로 규제되지 않았다. 마을성황제의 다양성과
개성은 이런 특성에 기인하는 것이었다.

강릉 강문 할아버지 성황당

강릉 강문 할머니 성황당

마을의 성황당은 당집을 비롯하여 당목·돌무지·비석 등 다양한 형태로 전승된다. 농촌과 산촌에서는 어떤 형태이든 하나의 당집만 있는데 비해 어촌의 경우에는 할아버지 당과 할머니 당이 별개로 설정되는 특징을 보인다. 여기에는 위패만 있는 곳이 있는가 하면 위패와 신상과 신물이 함께 봉안된 곳도 있고, 제를 올릴 때 유교의 방식에 따른 축문이 있는가 하면 무속인의 무가가 동원되기도 한다.

어촌 마을의 별신제 역시 비록 용왕이라는 별신을 설정하고 있지만 이곳 성황당에서 제를 올렸다. 또 여기에는 많은 성황설화가 잉태되어 있다. 신상과 신물의 위용성과 영험을 드러내는 것이나 마을의 창건과 입향시조를 부각시키는 다양한 주제의 설화들이 전승된다. 성황제를 단절 없이 지내기 위한 수단으로 위답을 마련하기도 하며 성황계를 조직하여 운영하기도 한다.

이런 제반 양상들은 사회지도 이념을 구현하는 유교적 질서와 기층사회에 온존하는 불교·무속적 관행이 함께하는 것이다. 전자를 성황제의 보편성으로 이해한다면 후자는 마을의 특수성으로 이해할 수 있다. 그리고 여기에는 마을공동체의 정체성을 담보하는 수호신으로서 성황을 인식하고 오랜 세월 동안 성황제를 치제하면서 안녕과 화합과 결속을 다져온 마을 구성원들의 의식 세계가 겹겹이 배어난다. 성황제 문화의 원형적 요소를 추적하여 재구성하면서 마을성황제를 주목하게 되는 이유도 여기에 있다.

농촌과 어촌의 성황제가
같을 수 없지

성황제는 장구한 세월 동안 전국적으로 분포되어온 보편적인 문화이다. 군현 단위에서든 마을 단위에서든 성황제는 지역 공동체를 배경으로 어떤 형태이든 당집을 마련하여 여기에 자신들의 정체성을 담보하는 성황신을 봉안한다. 그리고 지역공동체가 주체가 되어 제를 지내면서 구성원들의 안녕과 화합과 결속을 도모하는 그 어떤 제의보다 지역성이 짙다.

조선시대 이전에 이미 보편화된 성황제는 조선 건국 이후 지방사회를 통제하는 정책의 일환으로 정형화되었다. 신왕조의 건국이념을 구현하는 제의로 규정되면서 성황제에 투영되었던 이제까지의 지역성이 배제되고, 관주도형 제의로 전국적으로 획일화함으로써 중앙집권화를 강화하는 읍치의 제의로 정착되어 갔다.

법제로 정해진 성황제는 이 시기 지방사회 신분질서의 재편과 맞물리면서 정착되었으나 한편으로 이전의 관행은 쉽게 벗어날 수 없었다. 전승제의로서 관행은 무엇보다 성황신에 투영되는 지역성에 기반을 두고 지속되었다. 이런 양상은 정책적으로 지역성이 배제되는 상황에서 크게 위축되는 듯싶었으나, 제의를 담당하는 계층인 호장을 비롯한 향리세력의 존재양태에 따라 다시 활성화되는 근거가 되었다. 읍사와 향리세력의 사회적 입지가 성장한 후기 조선 사회에 이르러 이런 관행적 제의는 예전보다 더 활성화되었다.

마을성황제는 구성원들의 신분과 계층적 특성이 그대로 배어있는 지역성 짙은 제의로 자리 잡아 갔다. 사회경제적 변화에 따라 마을공동체가 성장하면서 마을마다의 성황제가 보편화되었다. 마을이 점점 커져 분동으로 재편되든 신설되든 어느 경우에도 성황당이 마련되었다. 마을공동체의 결성이 읍치로부터 외곽으로 확산되는 추세 속에 성황제 역시 동일한 양상으로 읍치에서 외곽 마을 단위로 확산되어갔다.

마을의 성황제는 자신들의 정체성을 담보하는 성황신을 설정하고 공동체가 주체가 되어 제를 치르면서 구성원들의 안녕과 화합과 결속을 도모하는 제의로 인식되었다. 마을의 정체성에 따라 성황당과 성황신의 형태는 물론 제의의 양태 또한 매우 다양한 양상으로 나타나며, 제의의 끊임없는 전승을 위한 경제적 기반으로서 성황제의 위답이 마련되거나 성황계가 결성되기도 한다.

이런 양상은 법제적 규제로부터 비교적 자유로웠던 조선 후

읍치성황당

기에 그것을 주도하는 세력의 존재양태에 따라 각 마을성황제의 개별적 특성으로 나타난다. 그런 개별적 특성 속에서도 거의 모든 마을성황제에 성황지신·토지지신·여역지신의 위패가 봉안되는 것처럼 일정한 정형을 갖추고 있다. 이것은 개별성 속에서도 읍치성황제를 본으로 삼은 데서 비롯된 마을성황제의 보편성이라 할 것이다.

마을성황당

09

굴산사지 발굴 이야기

이상수(가톨릭관동대학교 박물관 학예연구실장)

옛 질러의
흔적을 찾아

예부터 강릉에서 살기 좋은 곳으로 이름난 학산마을에는 굴
산사라는 매우 큰 절이 있었다. 이 절은 신라하대에 형성된 9개
의 선종산문 가운데 사굴산문의 본거지였으며, 851년(신라 문성
왕 13) 범일국사(810~889)가 세워 처음 사굴산문을 열었던 곳으

사적 제448호 강릉 굴산사지 모습(국립중원문화재연구소)

로 잘 알려져 있다. 하지만 이 해에 명주도독 김공이 범일에게 굴산사에 머물도록 요청한 것으로 보아 이전부터 굴산사라는 절이 있었던 것으로 보기도 한다.

범일은 이곳에서 부처님의 가르침을 널리 펴면서 민중을 가르치고 이끌었다. 또 낭원대사 개청과 낭공대사 행적, 신의 등 뛰어난 제자를 많이 배출했다. 영동 지방뿐 아니라 우리나라 불교문화 발전에 크나큰 기여를 했다.

통일신라시대부터 고려시대에 걸쳐 오랜 기간 동안 찬란한 불교문화를 꽃피웠던 굴산사가 언제 어떻게 사라지게 되었는지에 대해서는 이에 대한 역사기록이 없어 자세히 알 수 없다. 조선시대 조정에서 펴낸 『세종실록지리지』, 『신증동국여지승람』, 『여지도서』 등 여러 관찬사서와 지방에서 기록한 『임영지』와 같은 읍지에 굴산사와 관련된 기록이 전혀 나타나지 않아 대체로 고려시대 말기나 조선시대 초기에 폐사되어 역사 속으로 사라진 것으로 추정할 뿐이다.

지금은 굴산사의 옛 모습을 찾아 볼 수는 없다. 그러나 현재 굴산사의 옛 절터로 추정되는 주변 일대에는 통일신라시대 석조공예의 우수성을 잘 보여주고, 범일의 부도탑으로 전해오는 굴산사지 승탑(보물 제85호)과 함께 우리나라에서 가장 큰 당간지주로 알려진 굴산사지 당간지주(보물 제86호)가 남아 있다. 또한 석조비로자나불상(강원도문화재자료 제38호) 4구와 많은 기와 조각들이 흩어져 있다. 이런 불교유물은 훌륭하고 당당했던 굴산사의 옛 모습을 충분히 짐작하게 한다.

 굴산사가 원래 들어서 있던 학산마을의 주변 일대는 일찍부터 농경지로 변하여 1970년 이전까지만 해도 굴산사의 중심적인 옛 절터의 정확한 위치를 알 수는 없었다. 그러나 그보다 앞서 일제강점기인 1936년 대홍수('병자년 포락'이라고도 불림) 때 경작지 아래에 묻혀 있던 굴산사의 주춧돌과 계단 등 일부 건물시설과 기와조각들이 땅 위로 드러나면서 절터의 위치를 알려주는 흔적이 처음으로 발견되어 그 존재가 인식되기 시작했다.

굴산사지 출토 '명주도독은'명 비석편(가톨릭관동대학교 박물관)

굴산사지 출토 연꽃무늬 수막새(가톨릭관동대학교 박물관)

그 후 40여 년 동안은 이렇다 할 만한 학술조사가 이루어지지 못했다. 1975년에 이르러 굴산사 옛터와 그리 멀지 않은 내곡동에 위치한 관동대학교(지금은 가톨릭관동대학교) 박물관 조사단이 국내 처음으로 굴산사터에 대한 학술지표조사를 몇 년간 실시했다. 당시 조사결과, 범일의 부도탑비로 추정되는 비석조각을 포함하여 부도탑재, 석조불상, '굴산사'란 글자가 새겨진 암기와, 연꽃무늬·당초무늬·도깨비무늬가 조각된 막새기와 등 100여 점의 유물을 찾아내는 성과를 거두었다. 이 조사를 통해 비로소 굴산사지의 정확한 위치를 파악하는 데 귀중한 계기를 마련했다. 당시 조사 성과는 1978년 7월 12일자 경향신문에 '범일부도탑비 발견, 오대산 굴산사지서'라는 제목으로 크게 보도되어 세상에 널리 알려졌다.

굴산사 옛터에 대한 최초의 고고학적 발굴조사는 1983년에 이루어졌다. 그때 옛 절터에 농업용수 개발을 위한 매설공사가 진행되면서 굴산사의 옛 건물시설 일부와 유물들이 드러나자 강릉대학교(지금은 강릉원주대학교) 박물관에서 긴급발굴조사를 실시했다. 당시 발굴조사는 발굴면적이 약 100㎡(30평 남짓) 정도로 매우 좁은 구역에 한정되어 이루어졌기 때문에 굴산사의 건물시설 규모나 전체 범위 등 실체를 파악할 수는 없었으나 일부 건물기단과 축대가 확인되어 절터의 중심지역을 알 수 있

1983년 발굴조사에서 드러난 건물터 유구 모습(강릉원주대학교 박물관)

는 실마리를 제공해 주었다. 뿐
만 아니라 '굴산사', '오대산'이
란 글자가 새겨진 고려시대 기
와들이 출토되어 굴산사는 오대
산 불교성지의 권역에 속했던 사
실을 고고학적으로 알려주었다.
이 사실은 범일의 제자인 신의가
오대산 월정사에서 활동했다는
『삼국유사』의 기록을 잘 증명해
주고 있다.

　1998년부터 1999년까지 범
일의 부도탑으로 전해오는 보물
제85호 굴산사지 승탑에 대한
해체복원과 정비를 위한 학술조
사가 강릉대학교 박물관에 의해
이루어졌다. 그때 부도탑의 주변

굴산사지 출토 '굴산사',
'오대산'명 암기와
(강릉원주대학교 박물관)

에 흩어져 있거나 매몰된 부도의 조각을 찾아내어 현재의 모습
과 같은 높이 3.77m의 팔각원당형 부도탑으로 복원하였으며,
또한 그 주변에서 부도전으로 추정되는 건물터가 확인되기도
했다.

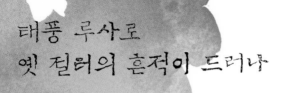

태풍 루사로
옛 절터의 흔적이 드러나

　　우리나라에서 역대 가장 큰 피해를 준 최악의 태풍은 2002
년 8월의 루사이다. 당시 루사는 한반도를 할퀴고 지나가며 큰
상처를 남겼는데, 특히 강릉 지역은 하루 동안 무려 870.5mm
의 큰비가 쏟아져 하루 강우량 1위를 기록하면서 엄청난 인명과
재산 피해가 발생했다.

　　굴산사의 옛터도 태풍의 피해에서 벗어나지 못했다. 굴산사
터의 동쪽 앞에 흐르던 학산천이 범람하여 절터의 중심부가 휩
쓸려 떠내려가 가슴 아플 정도로 비참하고 끔직한 피해를 당했
다. 이때 범일국사의 탄생설화가 깃든 석천을 포함하여 그 주변
에 있던 부도탑재와 머리 부분이 없는 석조불상 등 여러 문화재
가 흔적 없이 사라졌고, 땅속에 묻혀 있던 옛 절터의 건물 주춧
돌과 축대, 수많은 기와들이 훼손된 채로 여기저기 땅위에 널려
졌다. 또한 물길에 의해 잘려나간 지층면에서는 건물 계단의 층
계나 축대를 쌓는 데 쓰이는 네모지고 긴 장대석과 기와들이 많

이 드러나기도 했다.

　굴산사 옛 절터가 피해를 입자 강릉시는 먼저 태풍 루사로
인해 굴산사 옛 절터에 드러난 각종 건물시설 유구와 유물을

2002년 홍수피해를 입은 굴산사지(강원문화재연구소)

굴산사지 출토 사람얼굴모양 기와
(강원문화재연구소)

수습하고,
굴산사의 정확한 절터 영역
을 확인하여 정비사업을 위한 기초자료를
확보하고자 긴급수습발굴조사 계획을 신속하게 수립하
여 추진하게 되었다.

　　2002년의 긴급수습발굴조사는 강원문화재연구소에서 약
30일간 실시했다. 조사결과, 동－서 140m, 남－북 250m에 이
르는 절터 범위가 대략 파악되었다. 법당으로 추정되는 제법 큰
규모의 건물터와 함께 승방, 회랑 등과 관련된 건물터 일부가
확인되었다. 또한 많은 양의 고려시대 청자와 기와들이 출토되
었다.

　　2003년 6월 2일, 늦은 감이 있지만 다행스럽게도 이 조사
를 통해 굴산사의 옛터는 역사적 중요성이 인정되어 '강릉 굴산

사지'라는 이름으로 국가지정문화재인 사적 제448호(지정면적: 66,698㎡)로 지정되었다. 이를 계기로 뒤이어 굴산사 옛터의 규모와 성격을 파악하고 향후 효율적 보존관리 및 정비계획을 수립할 목적으로 강원문화재연구소에 의해 2003년부터 2004년 사이 약 40일간 발굴조사가 진행되었다.

조사결과, 한 변이 120cm에 달하는 매우 큰 네모꼴의 화강암 주춧돌이 놓인 건물터가 확인되면서 그 형태와 크기에 주목하여 그것이 발견된 곳을 법당터로 추정하였다. 또한 탑이 세워져 있던 자리와 행랑, 보도시설, 담장 등 여러 건물터와 관련된 유구들이 확인되었다. 뿐만 아니라 중국도자기와 고려청자, 고려백자, 조선백자들과 함께 많은 양의 고려시대 기와들이 출토되었다. 특히 출토된 기와 중에서는 사람 얼굴모양이 새겨진 기와가 강원도에서 처음으로 출토되어 관심을 끌었다.

이와 같이 굴산사의 옛 절터는 태풍피해에 의해 석천을 비롯한 많은 유구와 유물이 유실되는 아픔 속에서도 중요한 건물터와 유물들이 확인되면서 향후 굴산사 옛터에 대한 계속적인 발굴조사의 필요성과 기대를 한층 높여 주었다.

하나씩 드러나는 옛 절터의 비밀들

2010년 5월 6일, 강릉시와 국립중원문화재연구소는 '굴산
사지 문화재 학술조사연구 및 정비복원을 위한 업무협약'을 체
결하면서 공동 협력관계를 만들었다. 이를 통해 굴산사지에 대
한 학술조사가 효율적으로 수행될 수 있는 여러 가지 준비가 갖
춰지게 되었다. 이런 협력관계 속에서 국립중원문화재연구소는
2010년 전체 사적지정구역에 대하여 10개년 중장기 계획을 수
립하고 시굴조사를 시작으로 역사적인 굴산사지의 첫 학술조사
를 시작했다.

2010년부터 2011년까지 두 차례에 걸쳐 국립중원문화재연
구소에 의해 시굴조사가 진행되었다. 시굴조사는 굴산사 옛터
의 범위 및 유구의 분포양상을 파악하여 향후 이루어질 정밀
발굴조사의 기초자료를 확보하기 위한 목적으로 이루어졌다. 3
개 구역으로 나누어 조사한 결과, 홍수피해구역과 건물터 유구
잔존구역이 파악되는 한편, 건물터 유구의 분포상태가 기본적

으로 확인되었다. 또한 사적지 내 홍수피해는 2002년 루사 피해 뿐 아니라 오랫동안 수차례 반복된 수해로 인해 매우 광범위하게 확인되었으며, 그로 인해 유구가 남아 있는 범위는 사적 지정구역 내에서 약 1/5정도 밖에 되지 않는다는 것이 파악되었다.

그럼에도 불구하고 시굴조사를 통해 굴산사의 주요 건축물로 추정되는 대형건물터와 공간을 구획하는 담장터, 연못으로 추정되는 집수시설, 배수로, 출입문터, 보도시설 등 다양한 유구들과 유물들이 새롭게 발견되었다.

굴산사지 출토 동종 조각
(국립중원문화재연구소)

2011년 굴산사지 시굴조사 '다'구역 건물터 모습
(국립중원문화재연구소)

특히 2011년 시굴조사를 통해 굴산사에서 사용했던 동종 조각이 처음으로 발견되었고, '오대산금강사'란 글자가 새겨진 고려시대 기와가 출토되어 큰 주목을 끌었다. 오대산금강사란 강원도 평창군 오대산 남대에 있던 지장신앙결사체로서 이에 대한 기록은 『삼국유사』에 전해지고 있는데, 이 기와는 당시 명주 굴산사와 오대산 지장암과의 밀접한 역사적 관련성을 재확인시켜 준 최초의 고고학적 물증자료가 되었다. 이외에도 쇠와 흙으로 구워 만든 말 모양의 형상이 출토되어 굴산사의 민속신앙 수용 행태를 살필 수 있는 고고자료를 제공하게 되었다.

굴산사지 출토 토제 마상
(국립중원문화재연구소)

굴산사지 출토 철제 마상
(국립중원문화재연구소)

두 차례 시굴조사에 이어 2012년에는 1차 발굴조사가 진행되었다. 이 조사는 이전의 시굴조사를 통해 확인된 여러 유구들 중에서 중심건물터로 추정되는 네모꼴의 큰 주춧돌이 남아 있는 건물터(1호 건물지)와 이와 북쪽으로 가까이 배치된 대형건물터(3호 건물지)의 규모를 확인하고 내부조사를 통해 건물터의 성격을 밝히기 위해 이루어진 것이다. 조사결과, 크고 작은 9기의 건물터를 비롯하여 2기의 담장터, 보도시설과 배수로, 배수로를 건너기 위한 작은 돌다리와 디딜방아터 등 다양한 건축 시설물이 각각 확인되었다.

2012년 굴산사지 1차 발굴조사에서 드러난 건물터 모습
(국립중원문화재연구소)

이때 확인된 건물지들은 각각 별도의 건물터지만 전체적으로 보면, 동서 방향을 긴 축으로 건립된 1호 건물지(크기: 정면 5칸, 측면 2칸)와 북쪽의 3호 건물지(크기: 정면 6칸, 측면 4칸)를 중심으로 동쪽과 서쪽에 긴 행랑지(크기: 정면 7칸, 측면 1칸)를 배치한 형태로 기단석과 배수로가 이어져 그 내부에 □자 형태의 중앙정원을 갖춘 구조로 파악되었다.

특히 3호 대형 건물지 내에서 발견된 온돌시설은 네모지고, 긴 장대석으로 만든 내부공간에 조리시설이 있는 부엌과 달리 난방전용의 공간인 함실 아궁이가 만들어져 여러 갈래의 고래로 연결되는 것으로 파악되었다. 이런 난방시설 구조는 강원도

굴산사지 1차 발굴조사에서 드러난 3호 건물터 온돌시설 모습(국립중원문화재연구소)

지역의 전통적인 난방시설로 잘 알려진 코클의 하부구조로 추정되어 영동 지방의 고대 주거건축 연구에 의미 있는 학술자료를 제공하게 되었다. 또한 3호 건물지와 북서 끝에 접해 있는 작은 건물지에서 차를 제조한 곳으로 추정되는 아궁이와 쇠로 만든 작은 솥, 청동으로 만든 대접, 청자 매병 등의 관련 유물들이 출토되어 고려시대 굴산사에서 다실 운영과 다도 행위가 있었던 사실을 알려주었다. 그리고 '천경3년'이란 글자가 새겨진 기와가 새롭게 발견되어 1113년(고려 예종 8)에 굴산사의 대대적인 가람 중수가 있었을 가능성을 제시해 주었다.

2차 발굴조사는 2013년에 이루어졌다. 이 조사는 2012년 1차 발굴조사 구역과 서쪽으로 접해 있는 공간에서 집중적으로 진행되었다. 조사결과, 크고 작은 건물터 10기를 비롯하여 4기의 담장터, 계단, 보도시설 등이 확인되었다. 1차 발굴조사에서 확인된 중심 건물터(1호, 3호)가 모두 동-서 방향으로 배치되어 남쪽을 바라보고 있는 것에 반해, 2차 발굴조사에서 확인된 건물터들은 대부분 남-북 방향으로 배치되어 동쪽을 바라보고 있는 것으로 확인되었다. 또한 건물터들은 최소 3차례 정도 겹쳐진 상태로 확인되었으며, 출토된 유물은 대부분 11~12세기에 해당되고 있어 짧은 시간 동안 여러 차례 증개축이 이루어진 것으로 추정된다.

2013년도 발굴조사의 최대성과는 새로운 부도탑재(승탑재)를 발견한 것이다. 현재 범일의 승탑으로 전해지는 굴산사지 승

굴산사지 2차 발굴조사 출토 승탑 지붕돌(국립중원문화재연구소)

굴산사지 2차 발굴조사 출토 승탑 8각 받침돌(국립중원문화재연구소)

탑(보물 제85호)과는 전혀 다른 승탑부재가 드러났다. 즉 통일
신라시대에 만들어진 것으로 추정되는 8각의 승탑 지붕돌(옥개
석) 조각 2개와 반쯤 쪼개진 8각의 받침돌(지대석) 1개가 발굴되
었다. 팔각모양의 승탑 받침돌은 후대 건물 축대의 부재로 다시
사용하였던 것으로 확인되었다. 이것을 통해 예전부터 몇몇 학
자들이 지적한 것처럼 굴산사에는 최소 2기 이상의 부도가 존재
했다는 사실을 고고학적으로 정확히 증명해 주었다.

또한 절 이름을 알려주는 '屈山寺(굴산사)'라는 글자 외에 '崛山寺(굴산사)'라고 새겨진 기와가 발견됨으로써 『삼국유사』와 『조당집』에 나타나 있는 절 이름 '崛山寺(굴산사)'가 처음으로 확인되었다. 특히 출토된 여러 유물 중 흥미로운 것은 '천계5년'이란 글자가 새겨진 조선시대 암막새 기와조각이다. 이 유물은 1625년(조선 인조 3)이라는 절대연대가 기록되어 있어 굴산사의 역사적 변천과정을 새롭게 알려 주는 매우 귀중한 자료가 되고 있다.

굴산사지 2차 발굴조사 출토
'굴산사'명 암기와
(국립중원문화재연구소)

굴산사지 2차 발굴조사 출토
'천계5년'명 암막새
(국립중원문화재연구소)

이 유물을 통해 일단 두 가지 정도의 역사적 사실에 대한 가능성을 엿볼 수 있다. 하나는 굴산사의 건물과 직접 관련된 유물일 경우, 적어도 조선 후기까지 굴산사의 법맥이 이어졌을 가능성을 시사해 주는 점이다. 다른 하나는 조선시대에 편찬된 『강릉부선생안』과 후대에 발간된 『송담재지』 등 몇몇 문헌에 1625년 강릉부사를 역임한 강인과 강릉 지역 유림들이 학산 석천의 굴산사 옛터에 율곡 이이 선생의 위패를 모신 석천묘(율곡서원, 후에 송담서원으로 바뀜)를 창건했다는 기록이 나타나 있으므로, 이미 폐허가 된 굴산사의 옛터에 석천서원을 창건했을 가능성이 높다는 점이다. 후자의 경우 조선시대 지방의 서원이 고대 절터에 건립되는 사례가 비교적 많다. 예를 들면 경북 영주의 소수서원이 통일신라~고려시대 숙수사라는 절터에 건립되었고, 또한 최근 고려시대 보물급 불교유물이 다수 출토되어 큰 관심을 끌고 있는 서울 도봉서원이 고려시대 영국사라는 절터에 건립된 것이다.

2014년에는 3차 발굴조사가 진행되었다. 이 조사는 굴산사지 사적 지정구역 내 북편 일대에 대한 유구 양상 파악과 절터의 북편 경계를 확인하기 위한 목적으로 이루어졌다. 조사결과, 승탑 주변의 구릉부와 절터의 북편 구역에서 크고 작은 건물터 5기, 추정 승탑터, 연못터, 축대 및 담장, 배수로, 보도시설, 계단, 기와가마터 등 새로운 유구들이 확인되었다. 또한 거북모양의 비석 받침돌(귀부), 비석 머릿돌(이수), 비석조각, 승탑의 지붕돌 조각, 철제 및 흙으로 빚은 말 모양의 형상, 많은 양의 고려 시대 기와와 도자기가 출토되었다.

조사된 건물터들은 앞서 확인된 건물터와 같이 부분적으로 시기차가 존재하면서 겹쳐진 상태를 보이고 있지만, 시대적 변천과 상황에 따라 굴산사의 사찰 공간이 크게 확대된 점을 살필 수 있다. 즉 굴산사지 부도가 위치한 나지막한 구릉에 진입하기 위해 계단과 보도시설이 만들어졌고, 부도를 보호하기 위한 부도전으로 추정되는 건물과 이를 관리하기 위한 딸린 건물이 세워졌던 것으로 파악되고 있다. 이 구릉 일대는 굴산사의 전체 공간 중에서 범일의 존엄하고 거룩한 덕과 업적을 기리기 위한 일종의 '추모 공간'으로 운영했을 것으로 이해되고 있다.

그리고 구릉 아래 동쪽에서 처음으로 부도탑비의 받침돌이 발견된 지역 일대는 동−서로 담장을 쌓아서 남쪽 공간과 구분하여 부도탑비를 보호하기 위한 탑비전 건물과 남북으로 이어지는 긴 회랑형 건물, 배수로, 연못 등이 시설됨으로써 정원 공간으로 이용했을 것으로 추정되고 있다.

거북모양의 비석 받침돌
새로 발견돼

2014년도 발굴조사의 최대성과 중의 하나는 부도탑비와 관련된 거북모양의 비석 받침돌의 새로운 발견이다. 화강암으로 매우 크게 만든 비석 받침돌(크기: 너비 255cm, 길이 214cm, 높이 93cm)은 비록 거북머리 부분이 파손되어 없어졌으나, 3겹으로 된 육각형의 거북 등 껍데기와 치켜 올라간 꼬리, 발가락이 사실적으로 조각되어 있다. 또한 몸통 중앙 위에는 비석을 세웠던 긴네모꼴의 자리가 남아 있고, 그 둘레

굴산사지 3차 발굴조사 출토
거북모양 비석 받침돌
(국립중원문화재연구소)

는 구름문양을 새겨 아름답게 장식했다. 이 유물은 통일신라 말

또는 고려시대 초기 작품으로 추정되고 있다.

비석 받침돌 주변에서는 글자가 새겨진 비석조각과 함께 여러 점이 출토되었다. 비석조각들은 모두 승탑비로 추정되고 있는데, 1978년도 굴산사터에서 발견된 비석조각과는 글자체와 암질에서 차이를 보이고 있어 최소 2개 이상의 승탑비가 존재했다는 사실을 알려주고 있다. 이와 더불어 2013년도 발굴조사에서 발견된 승탑의 지붕돌과 형태가 거의 같은 승탑부재가 추가로 발견되었다. 승탑 지붕돌들은 세부적인 크기에서 차이를 보이고 있어 현재 복원되어 있는 굴산사지 부도 외에도 또 다른 승탑 2기가 굴산사에 존재했다는 사실을 알려주고 있다.

거북모양 비석 받침돌의 문양 세부
(국립중원문화재연구소)

또한 2011년도 조사에서 출토된 쇠와 흙으로 구워 만든 말 모양의 형상이 축대 부근에서 무더기로 발견되었다. 이것은 굴산사에서 민속신앙과 관련된 제의 행위가 있었다는 사실을 잘 보여주고 있다.

이와 같이 여러 차례 발굴조사를 통해, 오랜 세월 동안 땅속에 묻혀 있던 굴산사의 감춰진 비밀들은 이제 하나씩 하나씩 세상에 드러나고

있다. 굴산사는 찬란한 불교문화를 꽃피었던 사굴산문의 본산
으로서 그 역사적 위상에 걸맞게 제법 큰 규모의 사찰 가람을
세워 운영했다는 점, 『삼국유사』에 기록되어 있는 오대산 남대
지장암의 신앙결사체와 매우 밀접하게 관련되어 있었다는 점,
범일의 승탑으로 전해지는 굴산사지 부도 외에 또 다른 2기의
부도탑과 부도탑비가 존재하고 있었다는 점, 제물의 성격을 띠
는 말 모양의 형상을 통해 민속신앙과 관련된 제의행위가 있었
다는 점, 굴산사가 폐허가 된 이후인 1625년(인조 3년)에 이르러
강릉 유림들이 굴산사 옛터에 석천묘(율곡서원, 송담서원의 전신)
를 건립했다는 점 등 새로운 역사적 사실들이 밝혀지게 되었다.
앞으로 굴산사의 역사와 문화를 복원하기 위한 발굴조사가 계
속적으로 이루어지면 우리 역사 속에 사라진 굴산사는 새로운
역사를 쓰면서 우리 곁으로 다가올 것이다.

10

질터에 남겨진
유적과 유물

차장섭(강원대학교 교양과 교수)

역사가 묻혀 있는 땅
절터

강원도 사람의 특성을 암하고불(바위 아래의 늙은 부처)이고 한다. 이는 강원도 사람들이 아름답고 좋은 자연 환경 속에 살면서 초자연적인 경지에 있음을 뜻한다. 강원도의 절 가운데 이같은 특성을 가장 잘 나타내주는 절이 굴산사이며, 암하노불의 전형적인 인물이 굴산사를 창건한 범일국사이다.

굴산사는 우리나라 선종불교의 중심축이다. 강릉시 구정면 학산리에 있는 굴산사는 통일신라 말인 847년(문성왕 9)에 창건되었다. 선종사찰로 구산선문의 하나인 사굴산문의 본산이다. 우리나라의 선종은 도의선사에 의해 본격적으로 도입되어 각 지방의 호족과 연결되면서 전국적으로 확산되었다. 이로써 전국에 9개의 선종산문을 형성되었는데, 그것이 곧 구산선문이다. 구산선문 가운데 우리나라 선종불교의 법통을 계승한 것은 사굴산문이다.

범일국사는 굴산사에서 40여 년간 선법을 전파하고 제자를 양성했다. 범일의 법통을 이은 대표적 제자로 낭원대사 개청과 행적 등 10대 제자가 있다. 이후 굴산사를 중심으로 한 사굴산문의 법통은 고려와 조선을 거쳐 오늘날 조계종에 이르게 되었다. 즉 결국 통효대사 범일−혜조대사 담진−보조국사 지눌−나옹화상 혜근으로 이어온 고려시대 법통은 조선의 무학대사를 거쳐 현재의 조계종에 이르게 되었다. 사굴산문의 법통이 한국선종불교의 중심축인 것이다.

굴산사지는 지금은 폐사터이지만 강릉 일대에서 가장 큰 절이었다. 굴산사의 규모는 당시 쌀을 씻는 뜨물의 양으로 설명하고 있다. 얼마나 많은 승려가 거주하고 있었던지 쌀을 씻은 뜨물이 학산천을 흘러 동해바다에까지 하얗게 이르렀다고 한다. 실제 굴산사가 번창하였을 때 사찰의 규모가 반경 300m에 이르고 수도 승려가 200여 명에 달했다고 전해진다.

굴산사의 규모를 웅변적으로 보여주는 또 다른 하나는 당간지주이다. 학산리 넓은 들판에 우뚝 솟은 높이 5.4m의 당간지주가 마을 뒤편에 우뚝 선 칠성산의 산세를 오히려 제압하듯 묵직하고도 당당하게 서 있다. 굴산사의 당간지주는 우리나라에서 가장 큰 것으로 지주의 규모가 엄청나 이 당간지주에 세워졌을 당간의 높이가 얼른 상상이 되지 않을 정도이다. 일반적으로 당간이 지주의 서너 배가 된다고 보면 어림잡아도 20~25m 높이 정도는 되었을 것이다. 하늘을 찌를 듯이 솟은 당간 위에 깃발이 펄럭거렸다면 아마도 그 모습은 몇십 리 밖에서도 볼 수 있었을 것이다.

그러나 굴산사가 어떻게 발전하였고 언제 폐사되었는지는
전해지지 않고 있다. 다만 간헐적으로 노출되는 유적과 유물들
로 굴산사의 존재를 확인할 뿐이다. 1936년 대홍수로 6개의 주
춧돌이 노출되었을 때, '문굴산사門堀山寺'라고 새겨진 기와가 함
께 발견되었다. 그리고 관동대 박물관에서 10여 년에 걸친 지표
조사를 통해서 '굴산사'라고 표기된 기와편을 다수 수습하였으

굴산사지 당간지주

며, 비석조각 5점을 수집하여 박물관에 보관하고 있다. 특히 비편에는 '和尙言意', '溟洲都督銀副都督' 등의 각자를 확인할 수 있다. 이 비의 내용은 알 수 없지만 아마도 범일국사 부도탑비가 아니었을까 생각된다.

이후 강릉대학교 박물관과 강원문화재연구소에서 극히 일부를 발굴했다. 특히 2002년 영동 지역을 강타한 루사 태풍으로 학산천이 범람해 절터를 덮쳐 석천을 비롯한 많은 유적과 유

굴산사지 발굴현장

물이 유실되면서 부분적인 발굴이 이루어졌다. 이때 발굴된 고려청자편과 분청사기편 등을 고려하면 굴산사가 적어도 고려 말이나 조선 초기까지는 존속하고 있었음을 알 수 있다. 현재는 국립문화재연구소가 굴산사의 규모나 가람배치를 파악하기 위해서 본격적인 발굴을 진행하고 있다.

그 외에도 굴산사의 모습을 짐작하게 하는 유적들이 학산리와 그 부근에 흩어져 있다. 학산리 주변에 남아 있는 당간지주, 석불, 부도탑과 탑비 유적, 전설을 지닌 석천과 학바위 등이 옛 굴산사의 존재를 침묵으로 증명해 주고 있는 것이다.

강원도의 힘,
당간지주

굴산사지에 들어서면 제일 먼저 만나는 것이 우람한 자태와 위용을 자랑하는 당간지주이다. 굴산사 입구 넓은 들판 가운데 우뚝 솟아 있는 엄청난 크기의 당간지주는 굴산사의 상징과도 같은 구조물이다. 높이 5.4m의 이 거대한 당간지주는 현재 우리나라에 남아 있는 당간지주 가운데 가장 규모가 큰 것이다.

당간지주는 당간과 지주로 구분된다. 당간은 사찰을 알리는 깃발인 당을 달아두는 장대로 사찰 입구에 세운다. 당간은 철이나 돌로 만들기도 하지만 대부분 나무로 만들기 때문에 썩어 없어지고 당간을 지탱하기 위해 당간 좌우에 세우는 돌기둥만 남아 있는 경우가 대부분이다. 바로 이 돌기둥을 당간지주라고 부르는 것이다.

굴산사지 당간지주를 이루는 두 개의 돌기둥은 각각 한 덩어리로 된 거대한 석재이다. 현재 당간지주의 아랫부분이 땅에 묻혀 있어서 당간을 세워놓은 기단석 등의 구조는 알 수 없다.

대개의 당간지주들은 돌기둥의 바깥 면에 무늬라든지 글씨를 새기는 것이 일반적인데, 이 당간지주는 무늬나 글씨를 새긴 흔적이 없다. 오히려 거대한 바윗돌에서 이 같은 모양의 돌기둥을 떼어 낼 때 생긴 정을 쫀 자국이 그대로 남아 있다.

아무런 장식도 없이 안쪽이나 바깥쪽이 거의 꼭대기까지 직선을 이루고 있으며, 꼭대기에 이르러서는 양쪽 앞뒷면에서 차츰 둥글게 깎아 곡선이 되도록 했다. 그래서 맨 꼭대기 부분이 약간 뾰족하게 되어 있는데 그나마 남쪽 당간지주의 꼭대기 부분은 약간 파손된 모습을 보인다. 당간을 고정시키는 가로막대를 설치하기 위하여 아래위로 두 군데에 구멍을 뚫었다. 위쪽은 상단 가까이에, 아래쪽은 밑둥치에서 4분의1 되는 부분에 둥근 구멍을 관통시켜 당간을 고정시킬 수 있게 한 것이다.

굴산사지 당간지주는 힘을 느끼게 한다. 거인의 굵고 힘찬 두 팔뚝이 불끈 땅 위로 솟구친 듯한 굴산사지 당간지주는 순박하면서도 강력한 강

원도의 힘이자 굴산사의 힘이다. 그 자체만으로도 엄청난 규모인 이 당간지주에 세워졌을 당간의 높이가 얼른 상상이 되지 않을 정도이다. 이것을 하나의 미술작품으로 본다 해도 그 규모에 맞도록 간결하고 강인한 기법에서 또 다시 웅대하고 힘찬 기력을 느낄 수 있다.

굴산사지 당간지주

굴산사지 당간지주는 선종 그 자체이다. 꾸미지 않은 자연스러움과 자유분방함 속에서도 강한 메시지를 주는 굴산사지 당간지주는 선종의 참모습이다. 일반적인 당간지주가 세련되고 유려한 맛을 통해 교종의 정형화된 모습을 상징적으로 나타내는 것과는 대조적이다. 이것이 바로 제도나 형식에 구애받지 않는 자유로운 선종의 모습이다. 굴산사지 당간지주에는 자신감에서 비롯된 여유가 있다. 거대한 자연석을 제대로 다듬지도 않고 땅 위에 불쑥 던져놓은 그 큰 배포는 바로 자신감에서 비롯된 것이다.

선종 사찰의 본존불, 비로자나불

굴산사지에 모셨던 불상은 모두 왼손 검지손가락을 오른손으로 말아쥔 지권인의 손 모습을 한 비로자나불이었다. 보통 불상은 부처상과 보살상으로 구분한다. 부처는 완전 해탈한 경우이며, 보살은 해탈에 앞서 중생구원이라는 한 단계를 남겨둔 경우를 말한다. 부처상과 보살상은 머리모양과 옷모습으로 구분하는데 부처는 머리카락이 소라껍질처럼 꼬불꼬불 말린 나발형의 머리모양과 법의를 입고 있다. 반면 보살상은 보관형의 머리모양과 천의를 입고 있는 것이 특징이다. 그리고 우리나라의 사찰에서 흔히 볼 수 있는 부처상은 사바세계를 담당하는 석가모니불, 극락세계를 담당하는 아미타불, 유리광세계를 담당하는 약사여래불, 그리고 연화장 세계를 담당하는 비로자나불이다.

비로자나불은 교종의 하나인 화엄종 사찰에서 본존불로 모시는 불상이다. 그런데 선종의 대표적인 사찰인 굴산사에서 비로자나불을 모신 이유가 무엇일까. 이는 통일신라 말기 선종을

도입한 선승들이 선 수행을 위주로 하면
서도 그들의 신앙적 기반은 화엄사상●이
었기 때문이다. 『화엄경』 안에서의 비로
자나불은 우주 그 자체이기 때문에 직접
중생에게 설법하지 않는 침묵의 부처이

● 우주의 모든 사물은 그 어느
하나라도 홀로 있거나 홀로 일
어나는 일이 없이 모두가 끝없
는 시간과 공간 속에서 서로의
원인이 되며, 대립을 초월하여
하나로 융합하고 있다는 사상

다. 비로자나불은 깨달음 자체를 의미하며, 비로자나불에 의해
서 정화되고 장엄되는 세계는 특별한 부처님의 세계가 아니라
바로 우리 자신이 살고 있는 현실세계를 의미한다. 따라서 통일
신라에 시작된 선종사찰에서는 비로자나불을 본존불로 모셨다.

굴산사지에는 돌로 만든 비로자나불이 세 군데 흩어져 있
다. 이 가운데 가장 규모가 큰 석불은 당간지주의 동남쪽 마을
안의 보호각에 안치되어 있으며, 두 분의 석불은 당간지주에서
서북쪽으로 100여 미터 떨어진 작은 암자에 봉안되어 있다. 그
리고 나머지 하나는 학산마을 안 범일국사의 탄생설화가 얽힌
석천 우물가에 남아 있었다.

당간지주의 동남쪽 방향 마을 안의 보호각에 안치된 석조비
로자나불좌상은 얼마 전까지만 해도 동네의 잿간 같은 곳에 갇
혀 있었다. 최근 강원도 문화재자료 제38호로 지정되면서 보
호각을 세워 정비했다. 화강암으로 만들어진 이 석불은 높이
1.6m, 둘레 2.5m, 머리둘레 0.5m, 어깨넓이 1.2m의 비교적
큰 불상이다. 옷 모습은 두 어깨를 모두 옷 속에 넣은 모습이며,
머리는 나발형으로 정수리에 솟아 있는 상투 모양의 육계가 큼

굴산사지 비로자나불

직하다. 얼굴은 파손되었으나 원만형이며 머리에는 큰 관모를 쓰고 있다. 그러나 이 관모는 원래의 것이 아니라 정비하는 과정에 그 주위에 방치된 부도의 탑재를 머리 위에 올려놓은 것이다. 목이 짧아 머리가 몸에 푹 박힌 것 같은 느낌을 주며, 어깨가 당당한 모습을 보여 준다. 전체적으로 조각 솜씨가 치졸하나 당당한 모습에서 고려 불상임을 짐작할 수 있다.

　두 분의 석불을 봉안하고 있는 암자는 1968년에 세워진 것으로 현재 굴산사라 부른다. 암자에는 두 분의 석불과 함께 최근에 새로 조성된 불상을 합해서 삼존불이 봉안되어 있다. 이들

가운데 본존불은 떨어져 나간 부처의 머리를 다시 붙여놓은 것이다. 타원형의 얼굴을 하고 있으나 이목구비가 마멸되어 그 윤곽만을 알 수 있다. 목은 비교적 짧고 상대적으로 두 어깨는 넓고 둥글다. 어깨에서 무릎으로 흘러내리는 두꺼운 법의는 어깨를 옷 속에 감추고 있으며 팔을 비롯한 신체의 각 부분을 둔중하게 덮고 있다. 전체적으로는 가슴팍이며 두 무릎 사이가 넓어 몸체가 지나치게 짧고 넓은 느낌이다. 머리에서 두 무릎을 이은 선이 정삼각형에 가까울 정도로 불균형한 비례를 보이고 있다. 그래서 두 손을 가슴에 붙이고 결가부좌한 상태에서 아래위로 압력을 가해 좀 눌러놓은 듯한 인상을 준다.

오른쪽의 불상도 크기만 약간 작을 뿐 형식은 본존불과 마찬가지이다. 얼굴은 타원형이며, 목이 짧아 어깨 속에 푹 파묻힌 인상을 준다. 어깨를 가린 법의는 평면적이고 손은 작은데 두 무릎 폭만 넓어서 추상화된 느낌이 든다.

굴산사지 비로자나불

    왼쪽의 불상은 최근 조성한 것이다. 본래 있던 왼쪽의 불상은 목이 부러진 채 범일국사의 탄생설화가 얽힌 우물가에 남아 있다가 태풍 루사로 유실되었다. 당시 불상은 조각 수법이나 크기는 앞의 두 불상과 마찬가지이다. 다만 손 모습이 차이가 있다. 오른쪽 불상은 오른손을 왼손위에 올린 일반적인 형태를 취하고 있으나 왼쪽 불상은 왼손을 오른손 위에 올린 변형된 형태를 취하고 있다. 이는 본존불을 기준으로 좌우에 협시하는 위치에 따라 달리한 것으로 판단된다.

스님의 무덤,
부도탑

　굴산사지의 북쪽 학산리 마을 뒷동산에 부도가 있다. 멀리 남쪽으로 당간지주가 마주 보이고, 굴산사가 있었던 학산리가 한눈에 들어오는 이곳이 굴산사의 부도밭이었음에 틀림이 없다. 그리고 범일의 탄생설화가 깃들어 있는 석천 부근에도 사천왕상이 양각된 팔각의 석조 탑재가 남아 있었다. 그것으로 봐 당시에는 이곳에 적어도 두 개 이상의 부도탑이 존재하였을 것으로 생각된다. 최근 발굴에서도 또 다른 부도의 옥개석(탑의 탑신 위에 지붕 모양으로 얹어 덮은 돌)이 발굴되었으며, 부도의 지대석(탑 자리를 주위보다 조금 높이기 위해 쌓은 돌)로 추정되는 돌이 동네 건물의 축대로 사용되었음을 확인했다. 이것 역시 굴산사에는 적어도 두 개 이상의 부도가 있었음을 확인시켜주는 것이다.

　굴산사지에 남아 있는 현재 부도탑은 일제강점기 도굴꾼에 의해 붕괴되었던 것을 후에 복원한 것이다. 당시 조선고적보존위원회가 조사를 위해 기단석(비석이나 탑의 기초로 쌓은 돌)을 들추어 보았더니 기단석 아래 구형의 지하석실이 있고 오백나한을 안치한 흔적이 남아 있었다고 한다. 그러나 현재 오백나한의 행방은 알 수가 없다. 아마도 나라를 지키지 못한 후손을 원망하며 어디에서 고향으로 돌아갈 날을 기다리고 있을 것이다.

굴산사지 부도는 기단부와 탑신부, 상륜부로 구성되어 있다. 기단부는 다시 아래로부터 지대석, 하대석, 중대석, 상대석으로 분류된다. 굴산사 부도의 지대석은 하나의 자연암석으로 위에 팔각형의 2단 괴임돌을 새겼다. 지대석을 하나의 자연암석으로 한 것은 다른 부도에서는 찾아보기 힘든 특이한 기법이다. 지대석을 자연암석으로 한 것은 부처가 바위에 앉아 득도하였을 뿐만 아니라 범일을 비롯한 선승들이 자연석 위에 좌선하였기 때문이다.

하대석(탑의 맨 아래 받침돌) 받침은 지대석과 하대석 사이에 있는 것이다. 굴산사 부도의 하대석 받침은 지대석의 팔

굴산사지 부도탑

각형에 비해 그 폭이 급격하게 줄어든 작은 팔각형 2단의 접시받침모양이다. 하대석 받침이 아래의 지대석과 위의 하대석에 비해서 폭이 급격하게 줄어들었기 때문에 불안하고 부자연스러운 느낌을 준다. 이것은 일제강점기 도굴꾼에 의해서 붕괴되었던 것을 그 후에 복원하면서 원형대로 복원되지 못했기 때문이다. 원래의 하대석 받침은 이 부도의 옆에 반파되어 놓여 있다. 이것을 대신해서 원래의 것이 아닌 다른 부도의 탑신받침을 사용해 불안정해 보이는 것이다.

굴산사지 부도탑 지대석과 하대석

하대석은 아래쪽은 팔각형을 이루고 있으나 위쪽은 원형으로 구름문양이 조각되어 있다. 그리고 윗면의 둘레에 마치 물도랑같은 고랑이 파여져 있으며 여기에 고인물이 구름 문양 사이로 흘러내릴 수 있도록 네 곳에 수구를 만들었다.

하대석에 새겨진 문양들은 하대석 위쪽이 하늘임을 의미하는 것이다. 선승이 죽어서 가는 곳은 하늘이다. 따라서 사리가 봉안된 탑신부는 하늘이 되어야 한다. 하대석의 위쪽이 원형을 이룬 것은 하늘을 상징하기 위함이다.

굴산사지 부도탑 하대석

굴산사지 부도탑 중대석

　중국 전한시대의 백과사전 『회남자』에 '하늘은 둥글고 땅은 네모지다'라고 했다. 그래서 하대석 위쪽을 원형으로 만들어 하늘을 나타내었다. 그렇다면 하늘은 어디일까. 그것은 바로 구름 위쪽이다. 그래서 구름문양을 조각함으로써 그 위가 하늘임을 상징적으로 보여주는 것이다. 더욱이 홈을 파고 사이에 물이 흘러내리게 함으로써 구름에서 비가 내리고 있음을 상징적으로 표현했다.

　중대석은 원형으로 3단의 구름을 쌓아 올린 듯한 8개의 기둥모양을 두어 팔각의 틀을 벗어나지는 않았다. 그리고 각 기둥 사이에는 연화좌 위에 악기를 연주하며 하늘로 올라가는 주악

비천상과 공양상(공
양을 올리는 보살상)을
돌을새김 했다. 8개
의 기둥을 구름모양
으로 한 것은 비천상
이 있는 그곳이 하늘
임을 나타내 주는 것
이다. 공양은 공경하
는 마음으로 향이나
차, 꽃, 음식물을 부
처님께 올리는 것이
다. 따라서 주악비천
상은 하늘에 사는 천인이 부도의 주인공에게 음악을 바쳐 올리
는 것이고, 공양상도 마찬가지로 여러 가지를 부도의 주인공에
게 바쳐 올리는 것이다.

상대석에는 여덟 장의 꽃잎을 가진 연꽃이 위로 향하여 받
드는 모습의 앙연을 조각했다. 그리고 꽃잎에도 큼직한 꽃무늬
를 양각하여 화려함을 더했다. 상대석에 새겨진 연꽃좌대의 의
미는 성불한 자의 대좌는 연꽃이고, 또한 극락환생을 연꽃으로
다시 피어나는 모습으로 표현했다.

부도의 탑신부는 사리를 봉안하는 부도의 가장 중심부로써
탑신석과 옥개석으로 나누어진다. 탑신석은 팔각이지만 표면에

아무런 장식도 조각되어 있지 않으며 위쪽으로 갈수록 좁아진다. 옥개석도 역시 팔각인데 물이 떨어지는 낙수면의 경사가 급하고 우동(탑 옥개석의 귀마루 부분)은 뚜렷하지만 장식은 전혀 없다. 그리고 부도의 제일 위쪽인 상륜부는 연화문을 돌린 보주(둥근 모양의 구슬)를 얹었다.

부도의 탑신부를 이처럼 가옥구조로 한 것은 죽은 부도가 고승이 계시는 곳이기 때문이다. 옛사람들은 살아있는 사람의 집이 양택이듯 죽은 사람이 있는 무덤도 음택이라 하여 동등한 것으로 여겼다. 따라서 몸돌 위에 지붕돌을 배치하여 가옥과 같은 모양을 만들었다.

굴산사지 부도는 전체적으로 팔각을 기본으로 하면서 일부

굴산사지 부도탑 주악상

에 원형을 가미한 팔각 원당형이다. 부도가 전체적으로 팔각을 기본으로 하는 것은 현세의 삶은 고통과 같다는 불교의 진리를 표현하는 것으로 인생의 여덟 가지 고통과 그런 괴로움을 해결하고 열반에 도달하는 팔정도를 나타낸다. 부도의 주인공인 고승이 불교의 가장 기본이 되는 네 가지 교리를 행하여 열반의 경지에 이르렀다고 판단되기 때문에 부도를 팔각으로 만든 것이다.

비석조각들만 나온 부도탑비

부도탑비는 부도의 주인공인 스님의 행적을 기록한 비석이다. 따라서 부도탑비는 스님의 묘비와 같은 것이다. 묘비란 무엇인가? 죽은 사람의 이름과 가계, 행적 등을 돌에 새겨 묘역에 세우는 것이다. 부도와 부도탑비는 한 쌍을 이룬다. 부도탑비는 비석을 받치는 거북모양의 받침돌(귀부), 비문을 새겨둔 비석의 몸체(비신), 몸체 위에 올리는 이무기 머리 모양의 덮개(이수)로 구성되어 있다.

굴산사지에는 부도만 남아 있을 뿐 부도탑비가 없다. 그런데 최근 발굴에서 부도탑비의 귀부귀부가 발굴되었다. 크기가 가로 세로 각각 2m 정도로 상당히 크다. 그 규모는 우리나라 부도탑비 귀부 가운데서도 아주 큰 것들 가운데 하나이다. 이 귀부가 범일국사 부도탑비의 귀부일 것으로 보이는데, 그 규모나 장중함에서 범일국사의 권위와 부합된다.

한편 귀부 주변에서 깨어진 비석조각들도 함께 발굴되었다.

이전에 관동대학교에서 발굴한 비석조각과 대조한 결과 그 재질과 서체가 서로 달라서 굴산사에는 적어도 2개 이상의 부도탑비가 있었음을 확인할 수 있었다. 굴산사에는 범일국사를 비롯한 2개 이상의 부도와 부도탑비가 있었다는 뜻이다. 발굴이 마무리되면 보다 분명한 굴산사의 부도와 부도탑비의 존재를 확인할 수 있을 것으로 기대된다.

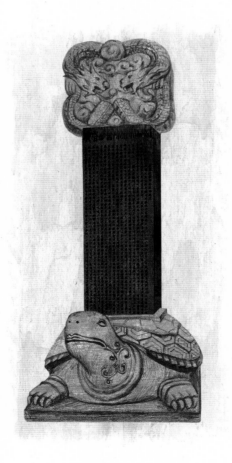

실화가 살아 숨쉬는 석천과 학바위

　범일은 태어날 때부터 보통 사람과는 달랐다. 남당시대 고승의 행적과 어록을 적은 『조당집』에는 범일의 어머니 문씨가 아이를 가질 때 해를 두 손으로 떠받드는 태몽을 꾸었으며, 아이를 잉태한 지 열석 달 만에 출산했다고 기록되어 있다. 그런데 구정면 학산리에서 전해져 오다가 『임영지』에 기록된 탄생설화는 이것과는 약간의 차이가 있다. 그 내용은 다음과 같다.

　한 양가의 처녀가 굴산(현재의 구정면 학산리)에 살고 있었는데, 하루는 석천에 물을 길러 갔다. 그녀가 석천의 물을 뜨려고 하는데 표주박에 둥그런 태양이 떠있는 것이 아닌가. 처녀는 아직 해가 뜰 때도 아닌데 웬일일까 이상히 여겨 물을 마셨다. 그런 뒤 날이 갈수록 배가 불러오다가 13개월 만에 아이를 낳았다. 처녀의 몸으로 아이를 낳았으므로 집안의 체면이 손상한 일이라 하여 아이를 학바위 밑에 버렸다. 모성애를 이기지 못한 처녀가 3일 만에 학바위에 가서 보니 여러 짐승들이 아이를 보호하고 멧돼지가 젖을 먹이고 학이 날아와서 날개로 아이를 감싸주며 입에 붉은 열매를 넣어 주고 어디론가 가버렸다. 이런 사실이 알려지자 아이가 범상한 인물이 아님을 알고 내버리면 죄를 받을까 두려워서 다시 데려와 길렀다. 그리고 해가 담긴 물을 바가지로 떴다고 해서 이름을 범일이라고 했다.

학산마을에는 탄생설화와 관련된 석천과 학바위가 남아 있다. 범일의 어머니가 바가지로 물을 떠서 마신 석천은 학산마을 한 가운데 있다. 얼마 전까지도 옛모습을 그대로 갖추고 있었지만, 2002년 루사 태풍도 유실된 것을 다시 복원하였다. 그리고 아비 없는 자식이라고 버렸던 학바위도 학산이라는 동네 이름과 함께 뒷산 그 자리에 그대로 남아 있다.

참고한 자료

기본자료

『삼국유사』, 『고려사』, 『신증동국여지승람』, 『임영지』(필사본), 『조당집』, 『추강선생문
　　집』, 『성소부부고』, 『돈호유고』, 『셔유록』(필사본), 「洛山二大聖觀音正趣調信」

초계정씨수보위원회, 1982, 『초계정씨족보』, 대제학공파편 권지1.

강원문화재연구소, 2006, 『강릉 굴산사지 발굴조사보고서』.

강릉대학교박물관, 2002, 『발굴유적유물도록』.

국립중원문화재연구소, 2012, 『강릉 굴산사지 제1차 발굴조사 약보고』.

국립중원문화재연구소, 2012, 『사굴산문 굴산사』.

국립중원문화재연구소, 2013, 『강릉 굴산사지 시굴조사보고서』.

국립중원문화재연구소, 2013, 『강릉 굴산사지 제2차 발굴조사 약보고』.

국립중원문화재연구소, 2014, 「강릉 굴산사지(사적 제448호) 제3차 발굴조사 현장설
　　명회 자료집」.

李智冠, 「江陵 智藏禪院 朗圓大師 悟眞塔碑文」, 『羅末麗初 歷代高僧碑文(高
　　麗篇1)』

임동권, 1966, 『중요무형문화재 조사자료(강릉단오제)』, 문화재관리국.

善生永助, 1931, 『生活實態調査』(江陵編), 조선총독부.

村山智順, 1937, 『部落祭』, 조선총독부.

단행본

金杜珍, 2007, 『신라하대 선종사상사 연구』, 일조각.

김선풍, 1981, 『한국시가의 민속학적 연구』, 형설출판사.

김선풍·김경남, 1998, 『江陵端午祭 硏究』, 보고사.

김열규, 1978, 『한국민속과 문학연구』, 일조각.

박도식, 2005, 『강릉의 역사와 문화』, 눈빛한소리.

박호원, 1998, 「朝鮮 城隍祭의 祀典化와 民俗化」『성황당과 성황제』, 민속원.

방동인, 1995, 『영동지방 역사기행』, 신구문화사.

이규대, 2009, 『조선시기 향촌사회 연구』, 신구문화사.

임동권, 1971, 「강릉단오제」『한국민속학논고』, 집문당.

장정룡, 2007, 『강릉 단오제 현장론 탐구』, 국학자료원.

정성본, 1995, 『신라선종의 연구』, 민족사.

조범환, 2008, 『羅末麗初 禪宗山門 開倉 硏究』, 경인문화사.

차장섭, 2013, 『지연과 역사가 빛은 땅 강릉』, 역사공간.

최승순 외 4인, 1979, 『향토의 전설』, 강원도.

추만호, 1992, 『나말려초 선종사상사 연구』, 이론과 실천.

秋葉 隆 著/沈雨晟 옮김, 1993, 『朝鮮民俗誌』, 동문선.

논문

金甲童, 1990, 「溟州勢力」『羅末麗初의 豪族과 社會變動 硏究』, 고려대학교 민
　　족문화연구소.

金甲童, 1991, 「高麗時代의 城隍信仰과 地方統治」『韓國史硏究』74, 한국사연
　　구회.

김두진, 1986, 「신라하대 굴산문의 형성과 그 사상」『성곡논총』17, 성곡학술문화재단.

김흥삼, 2002, 「나말여초 굴산문 연구」, 강원대학교 대학원.

김흥삼, 2003, 「나말여초 굴산문 개청과 정치세력」『한국중세사연구』15, 한국중세사학회.

김흥삼, 2003, 「나말여초 굴산문의 선사상」『백산학보』66, 백산학회.

金興三, 2008, 「신라말 崛山門 梵日과 金周元系 관련설의 비판적 검토」『한국고
　　대사연구』50, 한국고대사학회.

남근우, 2006, 「민속의 문화재화와 관광화ー'강릉단오제'의 포클로리즘(folklorism)
　　을 중심으로ー」『韓國民俗學』43, 한국민속학회.

도의철, 2011, 「강릉 굴산사지 조사성과와 향후 과제」『굴산문과 영동지역의 불교문
　　화』(제5회 범일국사 학술세미나 발표집), 범일국사문화축전위원회.

문옥현, 2014, 「강릉 굴산사지(사적 제448호)의 최근 발굴성과와 과제」『조선시대 강

릉의 성황사와 단오제』(제7회 범일국사 전국학술세미나 발표집), 범일국사문화축
　　전위원회.

朴道植, 2011, 「강릉 대성황사 12신, 김유신(金庾信)」『수릿날 강릉』6, 강릉단오제
　　위원회.

朴道植, 2013, 「강릉지역에서 김유신 장군의 현창(顯彰)」『흥무대왕 김유신과 江
　　陵』, 흥무대왕 김유신 선양회.

박호원, 1997, 『韓國 共同體 信仰의 歷史的 硏究』, 한국학대학원 박사학위논문.

방동인, 2000, 「굴산사와 범일에 대한 재조명」『임영문화』24, 강릉문화원

백홍기 외, 1999, 『굴산사지 부도 학술조사보고서』, 강릉대학교 박물관.

백홍기, 1984, 「명주 굴산사지 발굴조사 약보고서」『고고미술』161, 한국미술사학회.

邊東明, 2002, 「高麗時期 順天의 山神·城隍神」『歷史學報』174, 역사학회.

邊東明, 2004, 「김총의 城隍神 推仰과 麗水·順天」『全南史學』22, 전남사학회.

邊東明, 2004, 「申崇謙의 谷城 城隍神 推仰과 德陽祠 配享」『韓國史硏究』
　　126, 한국사연구회.

邊東明, 2006, 「城隍神 金忍訓·孫兢訓과 梁山·密陽」『韓國史學報』22, 고려사
　　학회.

邊東明, 2006, 「城隍神 金洪術과 義城」『歷史學報』189, 역사학회.

서영대, 1998, 「韓國·中國의 城隍信仰史와 淳昌의 「城隍大神事蹟」」『성황당과
　　성황제』, 민속원.

신천식, 1980, 「한국불교사상에서 본 범일의 위치와 굴산사의 역사성 검토」『영동문
　　화』창간호, 관동대학교부설 영동문화연구소.

申虎澈, 2010, 「신라말 고려초의 江陵豪族 王順式」『忠北史學』25, 충북사학회.

이규대, 1998, 「江陵 國師城隍祭와 鄕村社會의 變化—鄕吏層의 彌陀契를 중심
　　으로—」『역사민속학』7, 한국역사민속학회.

이규대, 2000, 「범일과 강릉단오제의 주신인 국사성황신」『임영문화』24, 강릉문화원.

이규대, 2003, 「朝鮮前期 邑治 城隍祭와 主導勢力」『역사민속학』17, 한국역사민
　　속학회.

이상수, 2014, 「강릉 굴산사지 출토 "천계 5년"명 기와의 의미와 성격」『임영문화』 38, 강릉문화원.

이상수 외, 1994, 「명주군의 불교유적」『명주군의 역사와 문화유적』, 관동대학교 박물관.

임호민, 2009, 「범일관련 설화에 대한 사적 검토」『제3회 범일국사 학술세미나 -굴산사지의 한국불교 성지화 및 관광자원화-』, 강릉불교사암연합회.

임호민, 2010, 「범일과 굴산사를 통해 본 지역문화의 정체성」『제4회 범일국사 학술세미나 - 사굴산문의 문화성과 전통문화도시 조성-』, 범일국사 문화축제위원회.

정동락, 2001, 「通曉 梵日(810~889)의 生涯에 대한 재검토」『민족문화논총』24, 영남대학교 민족문화연구소.

정승모, 1991, 「城隍祠의 민간화와 鄕村社會의 變動」『태동고전연구』7, 한림대학교 태동고전연구소.

조범환, 2011, 「나말려초 굴산문의 성과 분화」『고대 도시 명주와 굴산사』, 강릉 굴산사지 국제학술대회 발표문.

최병헌, 1972, 「新羅 下代 禪宗 九山派의 成立-崔致遠의 四山碑銘을 中心으로-」『韓國史研究』7, 한국사연구회.

최병헌, 1976, 「禪宗九山의 成立과 下代佛敎」『한국사』3(民族의 統一), 국사편찬위원회.

최종석, 2009, 「조선전기 淫祀的 城隍祭의 양상과 그 성격」『歷史學報』204, 역사학회.

황루시, 2009, 「강릉단오제의 전통성과 지속성」『역사민속학』9, 한국역사민속학회.

황루시, 2012, 「강릉단오제 전승에 관한 검토」『인문학연구』17, 관동대 인문과학연구소.

秋葉 隆, 1930, 「江陵端午祭」『日本民俗學』2권 5호, 日本民俗學會(東京).

사진 출처

중요무형문화재 제13호 (사)강릉단오제보존회

13, 30, 31, 38~39, 92~93, 142, 145, 150, 155, 156, 166, 167, 170, 171, 172, 173, 178, 179, 181, 196(좌), 198, 204, 205, 207, 208, 227, 235

안광선 _ 문학박사, 가톨릭관동대학교 박물관 특별연구원, 전 강원도민일보 사진부장

188~189, 196(우), 201, 211, 213, 217

정운성 _ 강릉문화원 문화콘텐츠사업팀장

22, 29, 45, 46, 57, 60, 66, 67, 69, 70, 72, 85, 99, 105, 107, 119, 131, 132, 143, 176, 182~183, 187, 190~191, 191(우), 212, 286, 287

차장섭(사진나무) _ 강릉지역 사진동호회

18, 19, 103, 109, 272, 273, 276~277, 280, 281, 282, 285, 288, 289, 290, 291

이외에도 박옥렬, 이규대, 가톨릭관동대학교 박물관, 강릉문화원, 강릉시, 강릉원주대학교 박물관, 강원문화재연구소, 국립중원문화재연구소에서 사진을 제공해주셨습니다. 사진을 내어주신 분들과 각 기관에 감사를 드립니다.